産地に教わる

LEARNING FROM THE LAND

無印良品

はじめに

「一度でも産地を訪れると、食材の扱い方が変わります。
何も考えずに捨てていた部分が、もったいなくて捨てられなくなる。
素材を大切に料理を作ろうと思ったら、まずは産地に行くのが一番です」

そう語るのは、Café&Meal MUJIでシェフを務める藤林亮。

藤林シェフは、以前より、全国各地の生産者のもとへ足しげく通っては、
キッチンに届く前の食材の姿や、産地の方々の思いを体当たりで見聞きし、
その様子を伝えるレポートを作成してきました。

4年間かけて書き溜められた、150ページ以上に及ぶ
藤林シェフのレポートが発端となって、この書籍は生まれました。

無印良品には、有名なシェフがいるわけではありません。
でも、生産者が丹精を込めて作った、魅力ある食材をしっかりと見つけ、
そのおいしさに目を凝らし、十二分に生かそうとするシェフがいます。

おいしさの源である食材の産地を訪ね、それがどのように作られているのか、
なぜおいしいのかを知ることから、無印良品の食は始まります。

藤林シェフを案内人に、北は青森県から南は沖縄県まで、
さまざまな食材の産地を訪ねた「産地に教わる」旅の記録です。

Café&Meal MUJI イオンモール堺北花田 シェフ　藤林亮

目次

003　はじめに

006　りんご

018　塩

032　シイラ［マヒマヒ］

048　醤油

062　番外編｜食の未来を考える　昆虫食

064　かんずり

078　海苔

094　塩引き鮭

108　番外編｜食の未来を考える　ジビエ

110　なにわの伝統野菜
　　　難波葱／天王寺蕪／田辺大根

126　豆腐

142　生産者一覧

豆腐
沖縄県
石嶺とうふ店　山村日出男さん・洋子さん

※本書に掲載した地図は、産地の視覚的な説明のみを目的として表記したものです。

なにわの伝統野菜
難波葱／天王寺蕪／田辺大根
阪府 上田隆祥さん・藤本泰一郎さん

りんご
青森県 市民農園ナリタ 成田英謙さん

塩引き鮭
新潟県
新潟漁業協同組合 岩船港支所

醬油
兵庫県
大徳醬油株式会社 浄慶拓志さん

塩
高知県
塩の邑 森澤宏夫さん

かんずり
新潟県 有限会社かんずり

海苔
愛知県 株式会社山ヨ榊原商店 榊原隆宏さん
鬼崎漁業協同組合 竹内康雅さん

シイラ［マヒマヒ］
高知県
四万十マヒマヒ丸企業組合
德弘伸一さん・万利子さん

りんご

青森県 市民農園ナリタ　成田英謙(ひであき)さん

そのままではもちろん、ジャムやジュースに加工しても、
ケーキなどに使ってもおいしいりんご。
日本有数のりんごの産地として知られる
青森県弘前市でりんご栽培を行う成田英謙さんは、
地域でも注目されている若手生産者の一人です。
青森県産のりんごは、近年、その品質が評価され、
国内外ともに良好な販売環境にありますが、数年前から
「黒星病」と呼ばれる病気の深刻な被害に悩まされてもいます。
秋の収穫シーズンを迎えた成田さんの農園を訪ね、
りんごの栽培について、また黒星病の状況について伺いました。

一年で最も忙しい季節

広大な津軽平野の南部、青森県の中でも随一のりんご生産量を誇る弘前市に、成田英謙さんの農園はあります。「りんご農家にとって最も忙しいのが、この収穫の時期なんです」と成田さんが言う通り、収穫作業まっただなかの農園では、脚立に乗った作業員のみなさんが、赤く色づいたりんごをせっせともいでいました。もぎたてのりんごがごろごろ入ったかごに近づくと、りんごのいい香りがふわりと漂ってきます。1日の収穫量は5トン弱、個数にして約1万5000個。一つひとつ色づきや傷の有無などを見て選別してから、昼と夕方の2回に分けて卸しに行きます。
「一年の集大成とも言える収穫作業は、やはりうれしいものですか?」と伺うと、「僕は、どちらかと言うと収穫は嫌いで……。作るところまでは一生懸命やるので、『あとは誰か収穫して!』という感じなんです。うれしいのは、収穫する一歩手前の、りんごが見渡す限りに実っているところを見たとき。そのときが一番、『ああ、よかった』という気持ちになります」と、作ることに対するひたむきさがにじむお返事でした。

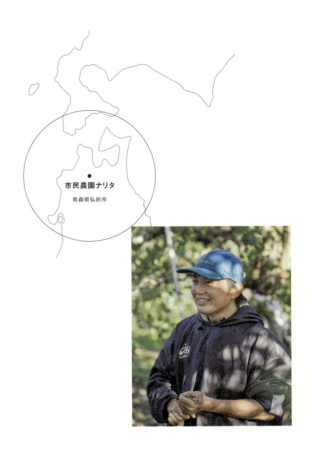

市民農園ナリタ
青森県弘前市

　りんご栽培は、園地が雪に閉ざされた真冬、剪定作業から始まります。剪定は「りんご作りの7割が決まる」とも言われるほど重要な工程で、父の毅さんと二人で行います。毅さんは、青森県りんご協会による「りんご剪定士」の認定を受けており、現在は剪定技術の指導にもあたっている大ベテランです。木の中心部まで光が入るように、育っていく様子をイメージしながら剪定します。
　雪が解けて春になると、本格的な農作業が始まります。りんごの花が開くのは、5月上旬。成田さんの農園では、受粉が可能な5日ほどの間に、手が届く範囲の花を一つひとつ人工受粉させています。その方が結実確率が高く、りんごの形も良くなるのだそうです。花が落ちたら、大きく育てる果実を選別する「摘果」を行い、7月には、さらに形の良さなどを吟味しながら、最終的に収穫する果実だけを残す「仕上げ摘果」を行います。8月中旬になると、早生種のりんごは収穫も間近です。りんごは日光に当たることで赤く色づくため、葉を摘み取って果実に日を当てる「葉摘み」が始まります。全体がまんべんなく赤くなるよう、果実を回転させる「つる回し」も行います。きれいに色づいたら、いよいよ収穫です。収穫を終えたあとも、草刈りや雪囲いなどの作業が残っています。「とにかく、やることだらけなんですよ」と言いながらも、成田さんの表情はいきいきとしています。

りんごよりも木を大切に

栽培にあたっては、「りんごそのものよりも、木を大切にしているんです」と成田さん。ときには、台風や積雪でりんごの木や枝が折れてしまうことも、ネズミなどの害獣による被害もあるそうですが、そういう場合は花が咲く前につぼみを摘み取り、りんごを実らせないことで木を回復させるのだと言います。園内の木を一本一本見ながら、「次の剪定ではこの枝を落とします」「来年実をつける花芽はこれとこれです」と話す成田さんの様子からは、りんごへの深い愛情が感じられます。

黒星病と無印良品

台風などによる被害以外に、ここ数年、りんごの産地全体を悩ませているのが「黒星病」による被害です。カビの一種が原因の病気で、感染すると、葉や果実に黒い病斑が現れます。食べても害はないものの、見た目が悪くなるため、感染した果実は出荷することができません。青森県では、1969年に初めて黒星病の発生が確認され、防除剤が実用化されて以降は被害が抑えられていましたが、2016年頃から再び黒星病が多発するようになり、薬剤耐性のある菌が発生していることが確認されました。現在は、新たな薬剤を用いて対策をとっているものの、依然として被害は続いている状況です。

薬剤を散布する以外には、黒星病が発生していないかどうかこまめに見回り、感染した葉や花を見つけたらすぐに摘み取るしか方法がありません。成田さんの農園では、収穫の段階で感染が確認された果実は100個のうち1、2個ほどだそうですが、花の段階で間引いたものも含めて考えると、収穫量に影響が出ていると言います。

無印良品では、これまでにも定期的に、傷がつくなどして選果の際にはねられたりんごを成田さんの農園から直接購入していましたが、この状況を受けて、黒星病のりんごも一部買い取ることを始めました。生食用として出荷されるりんごは見た目が重視され、わずかな傷があるだけで、市場では優良品の半値以下の扱いとなってしまいます。黒星病のりんごも、軽度のものは傷ものとほぼ同じで、見た目だけの問題です。「傷んだ部分だけ取り除けばおいしく食べられるのに、過度に安く扱われたり、廃棄されたりしてしまうのはもったいない」と藤林シェフ。農家にとっては、味の上では問題ないりんごをきちんと販売することができ、お店にとっては、おいしいりんごを使いやすい価格で購入できる取り組みです。

「農業は自然との勝負なので、どうしても、いつどうなるか読めない部分があります」と成田さん。「そういった状況や品質を理解した上で、安定した価格で定期的に買い取ってもらえる先があるのは、農家にとって、とても助かることなんです」と話してくださいました。

りんご

黒星病のりんご。病斑の部分だけ取り除けば、中は傷んでおらずきれいで、問題なく食べられる。

改善したいことがいっぱいある

りんご農家の次男として生まれ、「子どもの頃からりんごに触れるのが当たり前だった」と言う成田さん。高校生の頃、兄が体育教師を目指すと言うのを聞いて、自然と自分が後継者になることを意識したと言います。本格的にりんご栽培に携わるようになったのは、20歳のとき。父の毅さんは、「『見て覚えろ』という感じで、何も教えてくれない人でした」。「とにかく真似事から入った」という当時から11年が経ち、今では基本的に栽培のすべての段取りを任されています。

農家の仕事は、「朝早くて休みがない」というイメージだったそうですが、仕事を覚えるうちに、「朝早いのは、やることが山ほどあるからだと気づいた」と言います。「時間が限られている中で、毎日1時間早く作業を始めれば、1週間で1日分の仕事ができる、という感覚に変わりました。今年の作業が早く終われば、その分、次の年に向けて園地を充実させることにも目を向けられる」という成田さんの言葉からは、りんご栽培にかける情熱が伝わってきます。

具体的に改善したいところを伺うと、「いっぱいありすぎます」とのこと。品種構成の見直しがその一つで、成田さんは今「高徳（こうとく）」という品種の栽培に力を入れています。「あれだけびっしり蜜が入るりんごはなかなかないので、一度食べたらやみつきになると思います。今、『ふじ』に代わる品種がないと言われている中で、それに値するような品種に育てていきたい」と話してくださいました。また、作業しにくい山際の園地の改善なども、5〜6年先まで見据えて計画しているそうで、一生産者としてだけではなく、経営者としても、農園の未来を担っていく立場にあることが感じられました。

「この人のりんごを、この店で食べたい」と思ってほしい

成田さんは、Café&Meal MUJIにも何度か来店したことがあるそうで、そのときのことを伺うと「メニューに『成田さんのりんご』って書いてあるから、わっ！と思って」と、うれしそうな、気恥ずかしそうな表情です。「いくらメニューに『成田さん』って書いてあっても、消費者のみなさんは、直接生産者の顔を見ることはできないじゃないですか。でも、『MUJIで使っているりんごはいつもおいしい』『この人のりんごをMUJIで食べたい』と思ってもらえるように、おいしいものを届けなきゃな、っていつも思うんですよ」と話してくださいました。藤林シェフも、「ここまで思いを持って取り組んでいらっしゃるので、おいしい料理に仕上げるのはもちろん、青果の販路を広げることなどにも取り組んでいかなければ」と応じます。生産者と店舗がつながることで、より良い一品が生まれてくることが感じられるやりとりでした。

左：成田英謙　Hideaki Narita
1987年青森県弘前市生まれ。「市民農園ナリタ」代表。青森県営農大学校卒業後、2008年就農。2014年、「りんご王者決定戦」優勝。2017年、「第57回農林水産祭参加青森県りんご立木品評会」集団の部にて全県第一席農林水産大臣賞受賞。
※写真中央は母の厚子さん、右は父の毅さん

おすすめの調理方法 |

青森りんごの詰め物

りんごの皮を剥かず、丸ごとローストすることで、
果実そのままのおいしさを生かしました。
中に詰めたパテ・ド・カンパーニュの塩気が、
りんごのほど良い酸味と甘味を引き立てます。

材料 (4人分)

りんご —— 2個
パテ・ド・カンパーニュ —— 40g
スパイス
　│ ローリエ —— 2枚
　│ クローブ —— 4粒
　│ シナモン —— 1本
　│ 黒こしょう —— 6粒
バター —— 大さじ1
白ワイン —— 大さじ2

作り方

1　りんごを洗って、皮を剥かずに芯をくり抜く。

2　くり抜いた部分にパテ・ド・カンパーニュを詰めて、グラタン皿に並べる。

3　りんごの上にスパイス類とバターをのせ、白ワインをかける。

4　200℃に熱したオーブンで20分以上焼く。

塩

高知県 塩の邑　森澤宏夫さん

身近な調味料の一つであると同時に、
人が生きていくために欠かせない物質でもある塩。
製法によって、「岩塩」「天日塩」「せんごう塩」の
大きく三つに分けられますが、日本では古くから
海水を煮詰めて塩を得る「せんごう塩」が作られてきました。
高知県高岡郡四万十町で塩作りを行う森澤宏夫さんは、
海水を原料としながら、海から離れた山の中で塩を作っています。
森澤さんの塩は、太陽の力のみで塩を結晶させる「天日塩」。
時間をかけて結晶させることで、ミネラル分を多く含んだ
複雑な味わいが生まれます。その作業場を見せていただきました。

無印良品との縁

「縁があった、いうことやね」。高知県高岡郡四万十町、四万十川の中流に位置する山の中で塩作りを行う森澤宏夫さんは、無印良品との出会いをそう振り返ります。4年ほど前、藤林シェフが高知県を訪れた際に立ち寄った道の駅で偶然出会い、山で塩を作る森澤さんの話に興味を持ったことがきっかけでした。それ以来親交を深めるようになり、藤林シェフが森澤さんのもとへ足を運ぶのは今回で3回目。笑いながら「こいつアホやから、なんでか来よる」と藤林シェフのことを語る森澤さんの様子からは、二人が気のおけない間柄であることが伝わってきます。

高知県高岡郡
● 塩の邑

日陰でできた塩がうまかった

塩作りは一般的に、原料となる海水が手に入りやすい海沿いで行われますが、森澤さんが塩作りを行うビニールハウスがあるのは、山の中。トラックにタンクを積んで、土佐湾まで片道40分ほどかけて海水を汲みに行き、ビニールハウスの中で、太陽の力のみで塩を作っています。

少しさかのぼって話を伺うと、森澤さんが塩作りを始めたのは、今から25年ほど前。もともと高知県の農業改良普及員を務めていた森澤さんですが、当時、近隣の幡多郡黒潮町で活動していた「生命と塩の会」が作っている天日塩を食べて「むっちゃうまい」と思ったことをきっかけに、塩作りに取り組むことを決意します。

「生命と塩の会」で塩作りを学んだ森澤さんは、2000年に今の土地で塩作りを始めます。山間の立地を選んだ理由は、山に土地を持っていたこともありますが、何より「日陰でできた塩がうまかったから」。日当たりの良い場所と比べて、日陰では、塩が結晶するのに時間がかかります。その分、海水に含まれるミネラル分が逃げずに、複雑な味わいのある塩になるのです。雲が出やすく、冬は雪も降る山間部では、日照時間は海沿いの3分の2ほどしかありません。当然、生産効率は低く、年間の生産量も落ちますが、自分がおいしいと感じる塩が作れることを優先して決めました。

塩作りを始めるにあたっては、塩害を心配した周辺の住民たちから「なんでこんなとこで塩作るんや、海で作れや」という声も上がりました。1年に及ぶ話し合いを経て、最終的には「塩害が出た場合は立ち退く」という念書を書いて、ようやく塩作りを認めてもらいました。今では、森澤さんの塩を求めて人がやってくるようになったと喜ばれてもいると言います。「20年近くかかって、ようやくここに定着してきた感じがする」と、森澤さんは回想します。

塩

空気に触れて、濃度が高まる

森澤さんの塩作りの工程は、大きく二つに分けられます。一つ目は、汲んできた海水を、塩分濃度の高い海水「鹹水(かんすい)」にする工程です。この工程は、森澤さんが「鹹水ハウス」と呼んでいるビニールハウスの中で行われます。中に入ると、竹ぼうきや流木が立ち並んでおり、そこへ絶えずシャワーで海水が吹きかけられています。ほうきや流木を使うのは森澤さんのアイデアですが、これは、「流下式」という製塩法で用いられている竹の枝などを組んだ「枝条架(しじょうか)」が発想のもとになっています。竹の枝（森澤さんの場合はほうきや流木）に付着した海水が空気と触れ合うことで水分が蒸発し、塩分濃度が高まる仕組みです。海水の塩分濃度は約3パーセントですが、その3〜4倍ほどになるまで繰り返し散布します。

ほうきや流木を使っている理由は、自然の素材であることと、「アートのようなオブジェにしたかった」からだと言います。「たとえば参加型にして、ここへ来る人に、海で流木を拾ってきてくれたら塩を1袋プレゼント、みたいなこともできたら楽しいと思うんよ」。ハウス内を流れる海水の中には陶器でできた金魚も置かれており、森澤さんの遊び心が感じられます。

シャワーで吹きかけられた海水が竹ぼうきや流木に付着し、蒸発することで塩分濃度が高まる。

溶かして、結晶させてを繰り返す

二つ目が、鹹水を結晶させて、塩を取り出す工程です。この工程を行う「結晶ハウス」には、木枠
にガラスを張った、幅1メートルほどの結晶皿がずらりと並んでいます。そこへ鹹水を注いで混ぜ
ながら、太陽の熱だけで水分を蒸発させ、時間をかけて結晶させていきます。塩が完成するまでに
かかる時間は、夏は2週間、冬は2ヶ月ほど。それまでの間、毎日様子を見ながら、少しずつ鹹水を
加えたり、できてきた結晶を混ぜて再び溶かしたり、といった作業を繰り返します。
加える鹹水の量は、結晶皿の位置や日当たり、結晶の出来具合、その日の鹹水の濃度などを見なが
ら、徐々に結晶が進むよう、一枚一枚調節します。また、放っておくと入ってしまう虫やゴミも、
丹念に取り除きます。二つある「結晶ハウス」には、計154枚の結晶皿があり、すべての作業を終
えるのにはほぼ半日かかります。夏は日中50度にも達するというハウス内での作業は、「結構疲れ
ます」とのこと。しかし、「溶かして、結晶させてを繰り返すことで、いろいろな形の結晶ができ
てくるのがおもしろい」と語る森澤さんの表情は、なんだか楽しそうでもあります。
ある程度まとまった量の結晶ができたら取り出して、脱水をしてにがりを取り除いたら完成です。
取り除いたにがりも、豆腐店に売るなどして、余すことなく使っています。

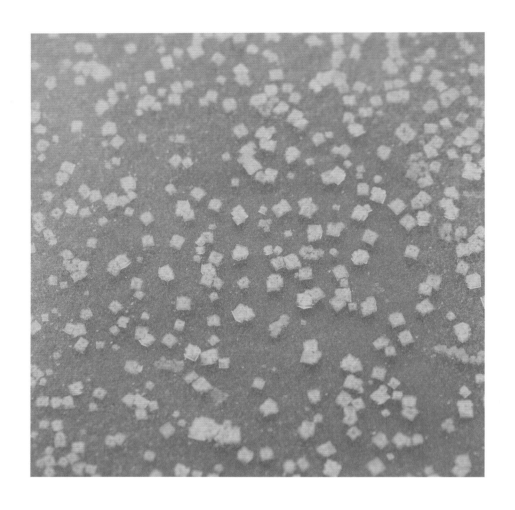

海の塩をそのまま取り出したい

森澤さんの塩作りに通底するのは、「海の中にある塩を、なるべくそのまま取り出したい」という思いです。「みんなに海の味を知ってもらいたいというのと、海の味って自分らの命の素やと思うから」。市販されている塩の中には、海水に本来含まれているミネラル分を取り除いて、塩化ナトリウムの純度を高めたものもあります。しかし森澤さんは、「海水そのままに近い、マグネシウムやカリウムなどのミネラル分が複雑に入り交じった塩を、人は一番おいしいと感じるのではないか」と考えています。「生まれてくる前、お腹の中で感じていた羊水の成分も、海水にすごく似ている。その味は忘れないだろうな」と思うのだそうです。

海水に含まれる成分の中でも、森澤さんの塩は、特にカルシウムを多く含んでいます。海水中のカルシウムは結晶させる際に分離しやすく、塩を釜で炊いて仕上げようとすると、すぐにかたまりとなって釜に付着してしまいます。急激な濃度の変化を避け、時間をかけて結晶させることで初めて、塩に含ませることができる成分です。カルシウム自体に味はありませんが、カルシウムを多く含んだ塩は、さくさくとした食感になります。おすすめの食べ方は、独特の食感と塩そのものの味わいが楽しめる、塩むすび。白米に振りかけるだけでもおいしく、藤林シェフは「ただの調味料というより、ふりかけのような感覚」と評します。

食べたら、遊びに来てや

自然の力のみで作る塩は、いつでも一定の味になるわけではありません。しかし、森澤さんはそれもポジティブに捉えています。「合わせるしかないから、しゃあないなって。夏の塩はあっさりしておいしいし、冬の塩はコクがあっておいしい。工業製品のように一定の品質のものは作りたくないし、毎回違う方が自分らしい。自分が作るのではなく、勝手に塩ができてくれるので、それを手助けするくらいの気持ちでいます」。

今後の目標は大きく、「第一次産業全体を活性化させること」。「このままでは、日本に生産者がおらんようになる。塩作りも含めて、後継者を育てていきたいし、きちんと生産者が潤う制度を充実させていきたい」と言います。その一方で、遊び心も忘れません。「たとえば、スピーカーで塩に音楽を聴かせて振動を与えながら結晶させたら？ なんてことも考えるがよ。クラシックの塩とか、ロックの塩とか、味が変わったらおもしろいやん」。森澤さんの挑戦は、まだまだ続きそうです。

最後に、食べてくれる人に伝えたいことを伺うと、「遊びに来てや」という答えが返ってきました。そして「やっぱり直に会うと全然違うもん」と、いい笑顔。そんな様子を見ていると、「何やってんやろなあと思うこともあるけど、塩作りは結構、自分に合うてるわ」という森澤さんの言葉の通りだと感じるのでした。

森澤宏夫　Hiroo Morisawa
1954年兵庫県神戸市生まれ。高知県高岡郡四万十町在住。「塩の邑」代表。大学卒業後、高知県県庁職員となり、農業改良普及員として13年間勤務。1995年より「生命と塩の会」にて塩作りを開始。2000年より「土佐の山塩小僧」生産開始。

030 — 031　　　塩 ｜ かつおのたたきと炭塩

おすすめの調理方法｜

かつおのたたきと炭塩

本場のたたきは、ポン酢ではなく塩で味わいます。
高知県の海で生まれて山で育った塩を、
高知県の郷土料理、かつおのたたきのまわりにまぶしました。
たたきに添える薬味にも一工夫し、にんにくはピュレに、
葱は黒く焦がして「炭塩」にし、塩の味をより引き立てました。

材料 (4人分)

かつお —— 1さく

炭塩

| 葱 (青い部分) —— 2本
| 塩 —— 適量

にんにくのピュレ

| にんにく —— 1房
| だし —— 大さじ1
| 生クリーム —— 小さじ1

作り方

1 かつおの表面を網で焼き、冷蔵庫で冷やしてから厚めにカットする。

2 葱を洗い、180℃に熱したオーブンで真っ黒な炭状になるまで焼く。

3 炭状になった葱と塩をミキサーにかけて、炭塩を作る。

4 にんにくの皮を剥いて芯を取る。水から茹でて、3回茹でこぼす。

5 茹でたにんにくとだしをミキサーにかけて、ピュレにする。生クリームを加えて混ぜる。

6 かつおの切り身のまわりに炭塩をまぶす。

7 器ににんにくのピュレを盛り、その上にかつおを盛り付ける。

シイラ
[マヒマヒ]

高知県 四万十マヒマヒ丸企業組合
徳弘伸一さん・万利子さん

淡白な味わいで、黄金色に輝く大きな体が特徴のシイラ。
日本ではあまり知られていない魚ですが、
ハワイでは「マヒマヒ」と呼ばれ、高級魚として扱われています。
シイラがなかなか出回らない理由の一つに、鮮度の低下が
非常に早いことが挙げられます。シイラ漁で約70年の歴史を持つ
高知県高岡郡四万十町の興津(おきつ)港では、船上で活け締めを行い、
水揚げ後すぐに加工・冷凍することで、鮮度の良いシイラを
各地に出荷しています。興津で長年シイラ漁に携わり、
最近ではシイラを生かした商品開発にも積極的に取り組む、
徳弘伸一さん・万利子さんのもとを訪ねました。

シイラ

興津に受け継がれるシイラ漁

土佐湾に面した小さな岬、興津崎の中ほどに興津港はあります。その周辺一帯が、興津と呼ばれる人口800人ほどの地区です。徳弘万利子さんが「へんぴなところでしょ」と言うのも頷ける、「興津坂」と呼ばれる複雑に折れ曲がった峠道を抜けて、ようやくたどり着ける場所です。

「ここへ来る人はみんなシイラのご縁」と万利子さんが言うように、興津は、国内有数のシイラ漁の拠点として栄えてきました。シイラは、熱帯から温帯にかけての温暖な海域に分布する回遊魚で、海水温が上昇する春先に日本近海に来遊します。大きいものは全長2メートル、重さ40キロにも達することがあり、「虹の魚」とも呼ばれる鮮やかな色合いと、成熟したオスは額の部分がぐっと突き出ているのが特徴です。延縄漁法やひき網漁法などでも獲ることができますが、興津では、シイラの漁獲に特化した「シイラ漬け漁業」が行われています。これは、海面の漂流物に集まるシイラの習性を利用し、竹を束ねた「漬け」と呼ばれる浮きを使ってシイラを集め、巻網で漁獲する方法です。高知県では、興津と同じく土佐湾に面した手結でも盛んな漁法で、鳥取県や島根県、宮崎県などでも行われています。

新鮮なシイラは大変美味ですが、鮮度の低下が非常に早いため、これまで漁港の周辺以外ではあまり食べられてきませんでした。「おいしいのを知らんわけよね」と万利子さん。以前は興津の近くでも、峠を越える間に鮮度が落ちてしまい、酢と味噌で和えないと食べられないと言われたそうです。「今は加工や冷凍の技術も向上していて、おいしいまま届けられる」と万利子さんは言います。

シイラの旬は、漁が始まる初夏の頃と、秋から冬にかけての脂がのる時期。さっぱりと淡白な味わいのシイラは、幅広い料理に使えます。お二人におすすめの食べ方を伺うと、伸一さんは「そりゃ刺身だろうね」と即答。万利子さんは「焼きたたきが好き。塩をつけて藁で焼くやろ、もう何もつけなくてもおいしいわけ」と、食欲をそそるお返事です。ただし、刺身やたたきは特に鮮度が肝心で、地元でしか食べることができません。藤林シェフは「お店ではいつもフライにするけど、干物もうまいやんな」と言います。万利子さんはさらに「脂ののっちゅうときには西京漬にもできるよ。すり身も人気やね」と熱心に教えてくださいました。

左下：海上に浮かぶ漬け。束ねた竹から海中にヤマモモの枝を垂らしたもの。
上左：伸一さん手作りの疑似餌。オキサワラを模している。

シイラが待っちゅう、はよ行かな

シイラについて伺った翌朝、実際に漁の様子を見せていただきました。伸一さんに連れられてまだ暗い漁港に向かうと、すでに何人もの漁師のみなさんが集まっていました。11月のこの日は午前6時頃の出発でしたが、夏は午前2時頃には出発するそうです。「シイラが待っちゅう、はよ行かな」と伸一さんに促され、「譲伸丸(じょうしんまる)」に乗り込みます。

港を出ると、なかなかの揺れです。目指す漬けの位置はGPSで記録されていて、それを頼りに船を走らせます。興津では漬けの数は一人20ヶ所と決まっており、そのすべてを毎日見て回るのだそう。30分ほど経った頃、伸一さんがおもむろに「あそこに旗が見えるろ？」と海の上を指差しました。肉眼ではわかりませんでしたが、双眼鏡を覗くと、確かに海上に2色の旗が翻っています。伸一さんの漬けについた目印です。

さらに漬けに船を近づけると、じっと海面を見つめる伸一さん。「おる」と一声発すると、手作りの疑似餌(ぎじえ)を投げ入れました。疑似餌を使って、漬けの真下にいるシイラを誘い出すのです。シイラが疑似餌のあとをついてくるのを確認したら、船を旋回させながら網を入れ、そのまま船を一周させてシイラを網で囲い込みます。網を入れるタイミングが難しく、「潮の流れや風を計算しないと獲れない」と伸一さんは言います。海上に、網が描く大きな円が出現しました。

シイラ

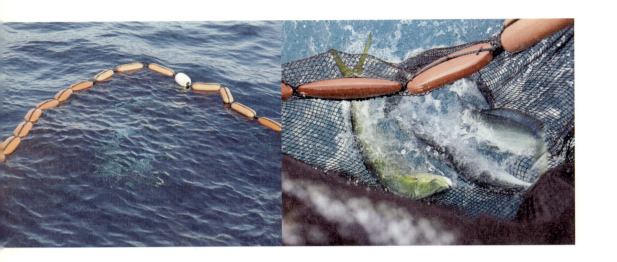

銀色から、みるみる黄金色に

その後、船尾についた大きな二つの「揚網機(ようもうき)」で、徐々に網を巻き取っていきます。網が絞られてくると、追い込まれたシイラの腹がきらきらと光っているのが見えました。シイラは、水中では青みがかった銀色をしていますが、網にかかって興奮すると鮮やかな黄金色に変わります。疑似餌を投げ入れてからシイラが甲板に揚げられるまでは、わずか5分ほど。あっという間の出来事です。

シイラを甲板に放したら、すぐに活け締めを行います。これが、鮮度を保つための重要なポイントです。こめかみの部分に急所があり、「手鉤(てかぎ)」と呼ばれる道具で手際良く、一匹ずつ締めていきます。締め終わったら、氷詰めにして港まで運びます。この日獲れたシイラはやや小ぶりのもので、数も多くはありませんでしたが、多い日は一隻で2トンほど獲れることもあるそうです。

獲れるか獲れないか、自分次第

伸一さんは、興津で四代続く漁師の家の生まれです。シイラ漁に携わるようになったのは、祖父の代から。大阪で15年ほど会社勤めをしたあと興津に戻り、漁師を継いで36年。漁師になったきっかけは「なんとなく」だと言いますが、「とにかく人に負けたくなかったから、努力はしたで。漁師は、獲れるか獲れないか、自分次第やきね。その日の天気や海の状態とシイラの習性をしっかり見極めなければ」と誇らしそうに話してくださいました。

漁には必ず水筒と食料、着替えを持って行くと言います。「何があるかわからんから」。自然を相手にする以上、アクシデントや怪我はつきもの。ときには、水中で絡まった網をほどくために潜ることもあれば、指が網に巻き込まれて千切れそうになったことや、眉間を陥没骨折して船上で倒れたこともあるそうです。一人で漁に出ているため、何かあっても、自分で船を操縦して港まで帰らなければなりません。思わず「怖くないですか?」と伺うと、「今はGPSがあるから、なんとかなる」とのこと。改めて、海の男のたくましさを感じました。

「びりびり」のシイラを届けるために

漁を終えて港に帰ってくると、船の到着を待ち受ける万利子さんの姿がありました。毎日、港で何隻もの船を出迎えてきた万利子さんは、「シイラをたくさんのせて帰ってきた船は、沈み方でわかる」と言います。水揚げしてすぐに、港の目の前にある加工場にシイラを運びます。

加工にあたるのは、万利子さんと大野聡子さん。その日の漁獲量によって、少ない日は大野さんと二人で加工にあたり、多い日は引退した漁師のみなさんにも応援を頼みます。

まずはシイラの頭を落として内臓を出し、骨と身の間に刃を入れて三枚におろしたら、そのまま

すぐに冷凍室へ。翌朝、凍った身を取り出し、冷凍焼けを防ぐために水にくぐらせて、表面に氷の膜を張ってから真空パックします。藤林シェフが「初めて無印良品に届いた切り身を見たとき、めっちゃきれいでびびった」と言うほど、きれいに加工された切り身です。

加工の丁寧さもさることながら、特筆すべきは「水揚げから1時間以内に加工する」という鮮度の良さ。すべて、刺身にできる品質のものだけを冷凍しているそうです。特に鮮度が良いことを、高知の言葉で「びりびり」と言います。興津のシイラは、まさに「びりびり」です。

加工場の外では、前日におろした切り身を網の上に並べて、干物作りも行っていました。たたきやすり身、燻製などもここで作っており、地元の人もよく買いに来るそうです。

シイラ

かつおに負けないおいしさです

シイラ漁とともに栄えてきた興津ですが、近年、漁業関係者の高齢化に悩まされてもいます。「やっぱり後継者がおらんき、それがちょっと悲しいところやね」と伸一さん。興津のシイラ漁は、約70年の伝統を誇ります。最盛期の1970年代には50隻ほどの漁船が漁に出て、年間700トンを水揚げしたそうですが、今では伸一さんの「譲伸丸」を含む6隻のみが操業しています。

この状況を打開すべく、伸一さんは2009年に四万十マヒマヒ丸企業組合を設立。漁協や仲買人に頼らず、直接シイラの加工や販売を手がけるようになりました。

万利子さんと大野さんは、県の工業技術センターと共同で、シイラを生かした新たな商品開発にも取り組んでいます。これまでに、シイラでとったスープを使った「しーらーめん」やシイラの尾の部分を乾燥させた「マヒマヒジャーキー」などを商品化。現在、すり身にしたシイラを練り込んだ麺なども試作中です。

ハワイでの名前にちなんだ「マヒマヒ」という愛称も、「シイラに少しでも親しんでもらいたい」という思いから、伸一さんたちが考えたもの。「シイラ漁を俺の世代でなくしたくない」という伸一さんの言葉には、切実さがにじみます。

漁のあとでいただいた新鮮そのもののシイラの刺身は、歯ごたえがあって、舌に吸い付くようにもちもちとしていました。藤林シェフが「一度食べたら、シイラを見る目が変わるでしょ」と言うだけの味です。高知と言えばかつおが有名ですが、伸一さんは「かつおには負けませんよ」と笑います。興津のシイラの鮮度の良さと、シイラ本来のおいしさを多くの人に伝えるために、これからも徳弘さんご夫妻の取り組みは続きます。

中央：徳弘伸一　Shinichi Tokuhiro
1955年高知県高岡郡四万十町生まれ。大阪府で会社員として15年間勤務。1983年より漁師となる。2009年、四万十マヒマヒ丸企業組合を設立。
左：徳弘万利子　Mariko Tokuhiro
1953年高知県土佐市生まれ、高知県高岡郡四万十町在住。2009年よりシイラの加工や販売に携わる。
※写真右は大野聡子さん

おすすめの調理方法 |

マヒマヒの干物
新じゃがの煮ころがしと葉わさび

干しだらとじゃがいもで作る
フランス・ラングドック地方の郷土料理
「たらのブランダード」をヒントにした一品です。
シイラの干物は茹でることで、身のやわらかさを再現できます。
新じゃがいもと同時期に旬を迎える葉わさびを合わせました。

材料 (4人分)

シイラの干物 —— 50g
新じゃがいも (小) —— 10個
八方だし
    だし —— 5カップ
    みりん —— 大さじ7と1/2
    醤油 —— 大さじ7と1/2
ドレッシング
    トマト —— 1/2個
    レモン汁 —— 大さじ1
    エシャロットのみじん切り —— 大さじ1
    粒マスタード —— 大さじ1
    オリーブオイル —— 大さじ4
    塩 —— 適量
葉わさび —— 4枚

作り方

1 シイラの干物を茹で、ほぐしておく。

2 新じゃがいもの皮を剥き、だし、みりん、醤油を合わせた八方だしで煮絡める。煮汁がなくなったら火を止める。

3 ドレッシングを作る。レモン汁、エシャロットのみじん切り、粒マスタード、オリーブオイル、塩を混ぜ合わせ、さいの目に切ったトマトを加える。

4 葉わさびを洗って刻み、じゃがいもと和える。

5 器にじゃがいもを盛り付け、ドレッシングをかけて、シイラのほぐし身をのせる。

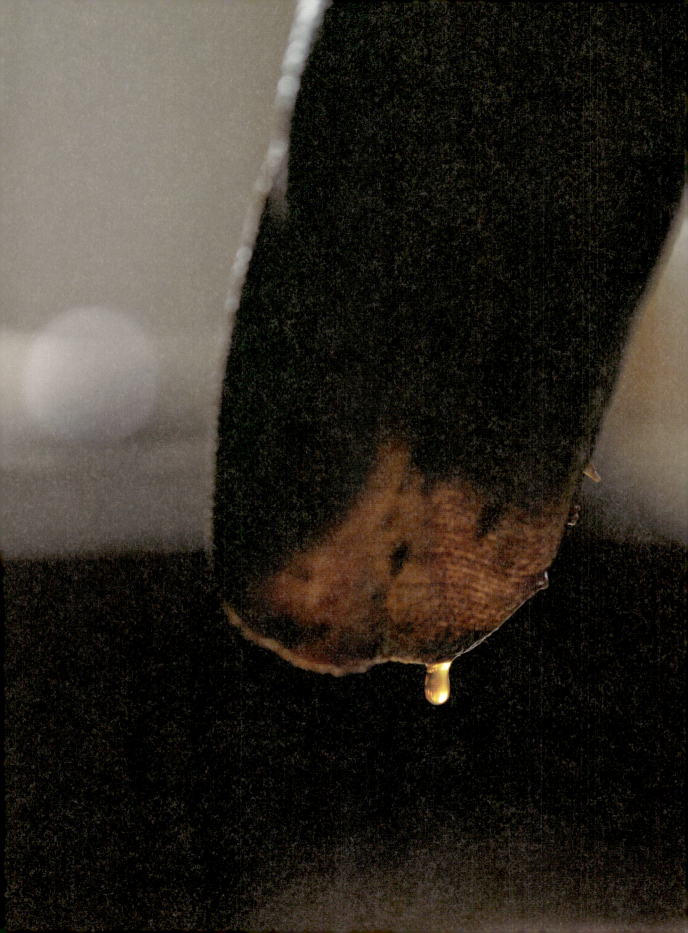

醬油

兵庫県 大徳醤油株式会社　浄慶拓志さん
　　　　　　　　　　　　（じょうけい）

大豆、小麦、塩を原料として造られる醤油は、
古くから日本の味を支えてきた伝統調味料です。
かつて、自然の力のみで発酵を行う
「天然醸造」が主流だった時代には、
全国各地の醤油蔵でその土地の気候に沿って醤油が造られ、
蔵ごとに異なる醤油の味が、地域の味を生み出していました。
戦後、人工的に発酵を行う「適温醸造」が確立され、
同じ味の醤油が効率良く造られるようになった今でも、
かつての製法を守り続ける蔵があります。
兵庫県養父市で伝統の醤油造りを続ける「大徳醤油」を訪ねました。
　　　（やぶ）

醬油

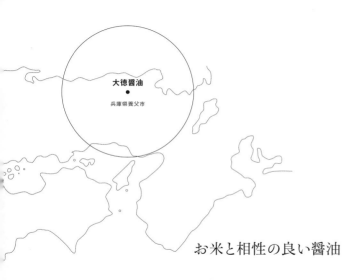

お米と相性の良い醤油

兵庫県北部、但馬地方に位置する養父市。なだらかな大徳山のふもとに広がる住宅街には、県内随一の標高を誇る氷ノ山の伏流水が注ぐ清流、大屋川が流れています。そんな自然に囲まれた地で、100年以上続く醤油蔵が「大徳醤油」です。

お話を伺ったのは、大徳醤油四代目の浄慶拓志さん。無印良品との出会いは、親類がきっかけだと言います。養父市は、マグネシウムやカリウムなどのミネラル分を多く含む蛇紋岩が堆積してできた蛇紋岩土壌に恵まれており、この土壌を生かして「蛇紋岩米」と呼ばれる米が盛んに栽培されています。浄慶さんは、この蛇紋岩米を販売する「浄慶米穀」の親戚にあたるそう。無印良品のシェフが蛇紋岩米を求めて養父市を訪れた際、併せて立ち寄ったのが大徳醤油でした。同じ土地で、同じ水を使って作られた米と醤油の相性の良さに惹かれたことから、無印良品との交流が始まりました。

小さな生き物たちが醸し出す

現在市販されている醤油の多くが、もろみに温度や培養酵母を加える「適温醸造」によって造られていますが、大徳醤油では代々、四季の温度変化と微生物の力のみに発酵を委ねる「天然醸造」による醤油造りを続けています。適温醸造にかかる期間は約半年ですが、天然醸造にかかる期間は約2年。長い年月を要しますが、微生物が自分の力で醤油を発酵させるのに必要な時間だと浄慶さんは話します。「暑い夏場はしっかり働き、秋になると休み始め、冬は活動をやめて、春になったら起き上がる。そうやって、微生物が自分たちのリズムで生きていく結果として造る醤油が、昔ながらの醤油なんです」。

醤油造りの心得として、伝え継がれる言葉があります。「一麹、二櫂、三火入れ」。醤油を造る工程の中でも、醤油の素を造る「麹造り」、もろみの発酵を促す「櫂入れ」、醤油に熱を加える「火入れ」の三つが、良質な醤油を造る要だということを表した言葉です。それらの工程を、順を追って見せていただきました。

息がしやすいように世話をする

醤油造りは、麹造りから始まります。蒸した大豆と炒って砕いた小麦を混ぜ合わせ、麹菌を加えて、「室(むろ)」と呼ばれる高温多湿の部屋で3日間ほど寝かせます。その間、室の中で麹菌が発芽し、菌糸が成長していきます。麹菌は成長するにつれて発熱するため、放っておくと自らの熱で死んでしまうことも。それを防ぐため、麹をほぐして熱を逃がす「手入れ」という作業を行います。

麹ができあがったら、塩水を加えてもろみを仕込み、発酵・熟成の工程へ。この工程は、醸造蔵で1〜2年かけて行います。蔵に足を踏み入れると、杉板張りのタンクがずらりと並び、醤油の深い香りが立ち込めていました。このタンクは、浄慶さんが地元の大工のみなさんと協力して作ったもので、浄慶さんは「但馬の杉と、但馬の微生物の相性が良いからこそ、良い発酵を生み出してくれる」と考えています。

長い発酵・熟成の間、定期的に「櫂」という木製の棒を使ってもろみをかき混ぜる「櫂入れ」を行います。初めの数日間は、塩水をまんべんなく行き渡らせるために毎日かき混ぜ、麹と塩水がなじんだら、見た目や匂いでもろみの状態を確かめながら行います。タンクに近づくと、ぷくぷくという小さな音が聞こえました。これは、微生物による発酵の音。浄慶さんは、微生物が暮らしやすい環境を作るのが職人の役目で、「息がしやすいように世話をする感覚」だと話します。「醤油造りをしているとわかるんですけど、醤油ってやっぱり生き物なんですよね」。

「櫂入れ」には、こんな逸話もあります。「かつて、各家庭で醤油が造られていた頃、醤油を混ぜるのは子どもの仕事だったんです」。なんでも、醤油を混ぜていると体に良い菌がつき風邪を引きにくくなると考えられ、子どもの体を強くする知恵として伝えられていたそうです。今でも醤油職人の間では、蔵に住む微生物は人間の体を健康に保ってくれると考えられています。

醤油

醤油のもろみ。仕込んだ直後は大豆や小麦の形が確認できるが、時間とともに溶け込んで液状に。また色も、発酵が進むにつれて抗酸化作用のあるメラノイジンという色素が増えるため、右の写真のようにだんだんと赤褐色になっていく。

お墨付きの赤

発酵が進み、もろみが赤褐色に変わったら、いよいよ醤油の搾りどき。「圧搾（あっさく）」の工程へ移ります。四角形の木枠の中に風呂敷状の布を敷き、もろみを注いで包み込み、座布団のような状態に。これを何段にも積み上げると、上にのせたもろみの重さで下のもろみから醤油が搾り出されます。醤油造りの心得では触れられていませんが、この圧搾もまた、醤油のおいしさを決める重要な工程の一つ。包んだもろみの厚さが各段で異なると醤油がうまく搾れないため、厚さを均一に保つのも職人の腕の見せ所です。

醤油

搾りたての醤油は透き通った赤色をしています。浄慶さんいわく「おいしい醤油は赤い」そうで、酸化して黒くなるにつれ、味にえぐみが出ると言います。さらに、醤油のおいしさはもろみの搾り粕である「醤油粕」にも表れます。チョコレートのような見た目の醤油粕は、ドライフルーツにも似たフルーティな味わい。大豆の皮の独特な食感も相まって、お菓子のような食べごたえがあるから驚きです。

搾った醤油に「火入れ」を行い、香りと味を調えたあと、瓶に詰めてラベルを貼れば、ついに一本の製品の完成です。

醬油

そのままの大豆を使いたい

浄慶さんが醤油造りで大切にしていることは、製法だけにとどまりません。原材料の大豆、小麦、塩はすべて、顔の見える生産者から直接仕入れた国産素材を使っています。その理由は、安全性への配慮はもとより、「日本は国内自給率がとても低い国ですが、和食を支える醤油だからこそ、日本の素材を生かしたい」という思いがあるからです。特に大豆は、流通する醤油の8割以上が海外産の大豆をフレーク状に加工した脱脂加工大豆を使っていますが、浄慶さんは「そのままの大豆を使いたい」という考えから、未加工の国産丸大豆のみを使用しています。

伝統を伝える、新たな挑戦

天然醸造の醤油は、気候の変化や微生物の働きに影響されるため、搾るたびに違う味になると言っても過言ではありません。しかし、浄慶さんはこのことも特徴の一つと捉えています。「食べ物に関しては、工業製品のように均一さを求めるのではなく、自然のものを自然のまま受け入れるというのも大事なことだと思っています」。一方で、天然醸造ならではのやさしく奥深い味わいは、大徳醤油の製品すべてに通底しています。藤林シェフも「旨味とコクが特に強くて、香りもしっかりあるので、他の調味料を使う量がぐっと減んねん」と太鼓判を押します。

完成までに多くの時間と手間がかかる天然醸造では、かかるコストも膨らみます。ときに、水より安く醤油が手に入る今、伝統の製法を続けることは、とても難しいことなのかもしれません。それでも、浄慶さんは「この味を未来に伝えたい」と意気込みます。

伝統の製法を守る一方で、天然醸造で造った醤油のおいしさを多くの人に知ってもらうために、新たな試みも始めています。これまでに、地域の食を扱うイベントに多く出展しているほか、自宅でできる手作り醤油キットを開発。現在も、醤油粕を利用したチョコレート作りに取り組むなど、さまざまな活動を行っています。「若い世代を含め、一人でも多くの人に興味を持ってもらいたい」と言う浄慶さん。その挑戦は、まだまだ続きそうです。

浄慶拓志　Takushi Jokei
1979年兵庫県養父市生まれ。「大徳醤油」代表取締役社長。大学卒業後、大徳醤油に四代目として入社。以来、天然醸造の醤油造りを継承しながら、商品開発やブランディングにも取り組む。

醤油 ｜ しょくゆ

おすすめの調理方法 |

しょくゆ

天然醸造で造られた醤油そのものの
風味と香りを存分に味わえる一品です。
かつおや昆布の旨味を凝縮しただしに
穏やかに香る醤油が溶け込んで、
シンプルながら奥深い味わいです。

材料 (4人分)

一番だし
    水 —— 5カップ
    昆布 —— 10g
    かつお節 —— 20g
醤油 —— 適量

作り方

1　固く絞った布巾で、昆布の表面を軽く拭き取る。

2　鍋に水と昆布を入れて中火で加熱し、沸騰直前に昆布を取り出す。

3　鍋に残ったお湯を沸騰させ、かつお節を加えて弱火で2分間煮出す。

4　火を止めたら、布などを使ってかつお節を濾し、一番だしをとる。

5　器に一番だしを注ぎ、醤油を数滴加える。

番外編｜食の未来を考える

昆虫食 Edible Insects

フィンランド｜サムリ・ヘラヴオさん
Finland｜Samuli Helavuo

2050年には世界の人口が98億人に達すると予測され、食糧危機の到来が懸念される中、
新たな食資源として近年注目されているのが「昆虫」です。
フィンランドでは、2017年秋に昆虫の食用としての生産と販売が認められたことをきっかけに、
昆虫食市場が活性化しています。フィンランドにおける昆虫食の状況や、
昆虫食の意義について、プロダクトデザイナーとして活動しながら
昆虫食のプロモーションにも積極的に携わる、サムリ・ヘラヴオさんにお話を伺いました。

サムリ・ヘラヴオ Samuli Helavuo｜フィンランド生まれ。2014年ラハティ応用科学大学芸術デザイン学科卒業、現在アールト大学芸術デザイン建築学科修士課程在籍。ヘルシンキを拠点にフリーランスデザイナーとして活動する。2014年、国際陶磁器展美濃審査員特別賞、Northern Lighting Design Award、Habitare Design Competition Maydayを受賞。2015年、フィンランドのデザインの祭典MuotoにおいてPromise of the Future賞を受賞。

来るべき未来の食糧として、昆虫が注目されています。国連食糧農業機関（FAO）は、人口増加に伴う食糧危機への対策として、2003年から昆虫食の普及に取り組んできました。2013年には、食糧や飼料としての昆虫の活用を推奨する報告書を発表。以来、昆虫食の実用化に向けた動きが世界に広がり始めています。
「なぜ昆虫を？　と思われるかもしれませんが、昆虫はさまざまな面から見て、非常に優れた食品です」とサムリさんは説明します。まず、昆虫は食品としての栄養価が非常に高く、良質なたんぱく質のほか、食物繊維やミネラルなどの栄養素も豊富に含んでいます。また、家畜と比べて成育に必要な飼料や水の量が圧倒的に少なく、短期間で成長するため、効率良く養殖することができます。さらに、成育の過程で排出する温室効果ガスの量も少なく、小さなスペースで養殖できるなどの利点もあります。
FAOの報告書によると、現在、世界で20億人が1900種類以上の昆虫を食用にしています。日本で

も、古くからイナゴやハチの子などが食用にされてきた歴史があることを考えると、昆虫を食べることは、決して突飛なことではないと言えます。
サムリさんは、学生時代に昆虫食について知るきっかけがあり、「デザインの力で昆虫食をうまくプロモーションしていきたい」と考えたと言います。2013年、学士の卒業制作でジャイアント・ミールワームを飼育するための容器「Pupa」をデザインし、昆虫食をテーマにした論文も執筆。これをきっかけに、昆虫食の普及活動を行うさまざまな人との出会いがありました。2015年には、デザイナーのオンニ・アホさんと共同制作した、昆虫やハーブを育てられるキッチン「Ruoka Lähetä（近くからの食）」をフィンランドを代表する家具とインテリアの見本市「ハビターレ」に出品。現在も自宅で実際にジャイアント・ミールワームを飼育して食べているほか、昆虫の試食イベントの開催やテレビ番組への出演など、精力的に活動を続けています。
フィンランドでは、2017年秋に昆虫の食用としての生産と販売が認められ、現在、ヨーロッパイエコオロギをはじめとする6種類の昆虫が食用として流通しています。2018

1｜ヨーロッパイエコオロギをトッピングしたタコス。　2｜ミールワームをスパイスで炒めたもの。サラダやパスタなどのトッピングにぴったり。　3｜サムリさんが制作した、ジャイアント・ミールワームを飼育するための容器「Pupa」。　4｜サムリさんが開催した昆虫の試食イベントの様子。　5｜EntoCubeが販売する、コオロギを使用した食品ブランド「Samu」の商品。

年1月には、昆虫を新たに食品として規定するEU規則が施行されたことも後押しとなって、昆虫食市場が活性化しています。2014年に設立されたコオロギの養殖などを手がけるEntoCubeをはじめ、Griinsect、Entisなど、昆虫食に関わるスタートアップ企業の設立が相次いでいるほか、既存の食品メーカーも積極的に昆虫を使用した商品の開発に取り組んでいます。また、「もとは牛や豚などの家畜を飼育していた農場が、徐々に昆虫の養殖に切り替える動きもある」とサムリさんは見ています。

昆虫を使用したさまざまな食品が販売され、テレビなどのメディアでも度々昆虫食が取り上げられる中で、「人々の反応が確実に変わってきているのを感じる」とサムリさんは言います。フィンランドのトゥルク大学が2016年に行ったオンライン調査によると、フィンランド人回答者の約7割が昆虫食に「興味がある」と回答。食や環境に対する関心が高い層を中心に、食の選択肢の一つとして受け入れられ始めているようです。

サムリさんに勧められて、昆虫を使ったいくつかの食品を試食してみました。EntoCubeが販売するローストコオロギ(Paahdettu Kotisirkka)は、ヨーロッパイエコオロギを丸ごと茹でてからローストしたもの。初めこそ、その見た目にやや抵抗を感じるものの、口に入れるとさくさくとした食感で、桜エビのような印象です。Entisのコオロギチョコレート(Sirkkasuklaa)は、ローストコオロギが丸ごとチョコレートでコーティングされています。姿が見えないため抵抗感も少なく、パフ入りのチョコレートのような感覚で食べることができました。その他、粉末状にしたコオロギを使ったクラッカーやプロテインバーなどは、虫が苦手な人でもより気軽に手に取ることができそうです。

サムリさんは、昆虫食をさらに一般的なものにしていくためには、「昆虫食の意義や、背景にあるストーリーをしっかりと伝えていくことと、おいしさの面でも魅力のある商品がさらに増えていくことが重要」だと考えています。「今後ヨーロッパで肉食を減らしていくための選択肢の一つとして、活動を続けていきたい」と話してくださいました。

日本の国内でも、食用コオロギの養殖のための研究なども新たに始まっています。日本の食卓に再び昆虫が日常的にのぼるようになる日も、遠くないかもしれません。

かんずり

新潟県　有限会社かんずり

冬になると、厳しい寒さと積雪に見舞われる
新潟県妙高市では、体を温めるための知恵として、
古くから唐辛子を使った調味料が作られてきました。
「有限会社かんずり」は、50年以上前から
唐辛子に糀（こうじ）と柚子、塩を加えて発酵させた調味料
「かんずり」を造り続けています。その製造工程の中でも、
唐辛子を雪の上に撒いてアク抜きを行う「雪さらし」は、
唐辛子の赤と雪の白とのコントラストが美しく、
妙高市の冬の風物詩にもなっています。
この雪さらしの様子を見せていただきに、現地を訪れました。

豪雪地帯に伝わる調味料

新潟県南西部に位置する妙高市。晴れた日は遠くに妙高山を望む立地に、「有限会社かんずり」はあります。妙高市は特別豪雪地帯にも指定されており、例年12月初めには、お店の周辺は真っ白な雪に覆われます。「今年は積雪は少ない方なんですけどね」と言うのは、三代目社長の東條昭人さん。「有限会社かんずり」という社名からもわかるように、1966年の創業以来、ひたすらにかんずりを造り続けてきた会社です。

古くからの知恵と、創業者の工夫

かんずりは、唐辛子に糀と柚子、塩を加えて3年間発酵させた調味料です。糀を加えて発酵させていることと、唐辛子を雪の上に撒いてさらす「雪さらし」の工程を経ていることが大きな特徴ですが、今の製法にたどり着くまでには試行錯誤があったと東條さんは言います。

かんずりのルーツは、東條さんによると、戦国時代にまでさかのぼるそうです。言い伝えでは、現在の上越市にあたる春日山に城を構えていた上杉謙信が京都から唐辛子を持ち帰ったとされ、寒中の行軍の際、唐辛子と塩をすったものを兵糧として用いていたとも言われています。以来、食べると体が温まる唐辛子はこの地で盛んに栽培されるようになり、寒さをしのぐための知恵として、各家庭で唐辛子を使った調味料が作られるようになったそうです。

家庭で作られていたものは、乾燥させた唐辛子をすり鉢ですり、塩のほか、柚子やにんにく、みょうがなどを好みで加えただけのものでした。しかし、東條さんの祖父にあたる創業者の邦次さんが、製品化にあたり「何か工夫を加えられないか」と考え、酒や味噌造りが盛んな土地柄もあって、糀を入れて発酵させることを思いついたと言います。雪さらしを行うようになったのも偶然がきっかけで、軒下に干していた唐辛子が雪の上に落ちて、数日後に食べると辛味が和らいでいたことから、工程に取り入れるようになりました。偶然にも助けられつつ、唐辛子の伝統や発酵の文化、雪の多い気候が相まって完成し、受け継がれてきた調味料です。

左から、仕込みから1年後のもの、2年後のもの、完成間近のもの。1年後のものはまだつぶつぶとした糀が目立ち、味も塩気が強く感じられる。2年後のものは全体になじみ始め、旨味が出てくる。完成間近のものは、発酵の香りがぐっと強くなり、旨味もしっかりと感じられる。

3年かけて旨味を増す

唐辛子の栽培からかんずりの仕込み、発酵の管理までを一貫して担当されている佐藤一茂さんに、製造工程について伺いました。

かんずり造りは春、唐辛子の種蒔きに始まり、8月から11月にかけて、収穫した唐辛子を洗って塩漬けにします。そして、一年で最も寒い大寒の日（1月20日頃）から3月上旬にかけて、雪さらしを行います。雪さらしが終わったら、唐辛子を洗ってすりつぶし、材料を混ぜ合わせて仕込みます。ここからが、3年に及ぶ発酵の期間です。発酵中は、年に一度、樽をかき混ぜて空気を入れ、発酵を促す「手返し」を行います。また、蔵の中の場所によって発酵の度合いが変わるため、樽の場所も折を見て入れ替えます。3年目の冬には、樽ごと屋外に出して味を引き締める「寒ざらし」を行い、最後にもう一度、全体をすりつぶして完成です。

　佐藤さんによると、唐辛子の出来や発酵の状態によって、樽ごとにも、その年ごとにも味に違いが出てくるそうです。佐藤さんは「商品なのでなるべく一定の品質になるよう心がけている」と言いますが、東條さんは「その違いも楽しんでもらえたら」と大らかです。
　かんずりは、鍋の薬味に使ったり、焼鳥につけたりするのが定番の食べ方ですが、工夫次第でさまざまな料理に合わせられます。お好きな食べ方を伺うと、東條さんは「マヨネーズにかんずりを混ぜて、炙ったイカにつけるとうまいですね」というお返事。営業部の森健太郎さんは「鶏の竜田揚げに、かんずりをたっぷり混ぜた大根おろしをのせて、ポン酢をかけるとうまいです。豚汁に入れるのもおすすめ」と言います。糀を使っているかんずりは味噌との相性が良く、また脂っこいものにつけても、味が締まっておいしいのだそうです。藤林シェフは、2年前にこちらを訪問した際に食べた「かんずり力もち」が印象に残っていると言います。「甘いみたらしにかんずりの辛味と香りが加わったタレが揚げ餅に絡んでいて、ほんまうまかった」と口元をほころばせていました。

大ぶりで肉厚な唐辛子

かんずりに使用している唐辛子は、「S-30」と呼ばれるかんずり専用の品種です。その特徴は、なんと言っても大きさにあります。一般的な唐辛子の約3倍もあり、20センチ前後のものから、大きなものでは40センチに達するものも。その年に採れた唐辛子の中から特に大きなものを選別し、その種を蒔くことを繰り返して、ここまで大きくなったそう。大きい分肉厚で、辛味だけでなく旨味がしっかりとある唐辛子です。

年間の使用量は20トンにものぼりますが、自社栽培したものと契約農家から買い付けたものを、半々の割合で使用しています。以前は契約農家に栽培を任せていましたが、30軒近くあった農家が高齢化により7、8軒まで減ってしまったことをきっかけに、栽培まで手がけるようになったそうです。

いよいよ、雪さらし

いよいよ、雪さらし当日。唐辛子を塩漬けにしている容器を蔵から運び出し、蓋を取ると、独特の匂いがあたりに広がりました。これを、近くの雪原まで運びます。唐辛子を撒く場所は、区画してネットを敷き、人が立ち入る場所は雪を踏み固めておきます。唐辛子をざるに移すと、佐藤さんや森さんをはじめとする社員のみなさんが順に手に取り、ぱらぱらと雪の上に撒き始めました。

かんずり

雪が辛味を和らげる

真っ白な雪原が、次第に赤く色づいていきます。唐辛子に触れた手袋も、唐辛子の色素でほんのりと赤く染まっています。この日撒いた唐辛子の量は、1トン弱。撒いたあとでさらに雪が降り、唐辛子が雪で挟み込まれた状態になることで、余計な塩分やアクが抜け、辛味が和らぐのだそうです。雪の状態にもよりますが、3～4日ほど経ったら唐辛子を回収します。

その後、唐辛子を回収する作業も見せていただきました。「あまり日の目を見ることのない作業ですが、実はこちらの方が大変なんです」と森さん。唐辛子の下に敷いたネットを持ち上げ、積もった雪を振り落としながら、唐辛子をざるに集めていきます。この日は、雪の量はさほど多くありませんでしたが、唐辛子を撒いたあとで大量の積雪があると、掘り起こすのに一苦労なのだそうです。

魅力ある調味料は、常に探されている

東條さんが父の邦昭さんから社長の座を継いで、今年で3年。かんずり造りが事業として軌道に乗るまでには苦労もありましたが、最近では雪さらしの光景が注目され、メディアに取り上げられる機会も増えています。一方、地元ではかんずりを知らない子どもたちも増えていると東條さんは言います。伝統を次の世代に伝えていくために、小学校の授業の一環として、唐辛子の収穫や雪さらしを体験してもらうなどの取り組みも行っています。

今後の目標について伺うと、東條さんは「調味料は、料理はもちろん、加工食品からスナック菓子まで幅広く使われるもの。魅力ある調味料は、常に探されていると感じています。海外にも目を向けながら、かんずりの可能性を探っていきたい」と話してくださいました。また、糀を使っていることも改めて挙げ、「以前塩麹が話題になりましたが、かんずりは塩麹に唐辛子が入ったものと考えてください。辛いだけでなく旨味を引き出す力があるので、ぜひいろいろな料理に使ってほしい」と期待を込めます。藤林シェフも、「唐辛子を使った調味料の中でも、かんずりは、糀を加えて発酵させることでしっかりと日本の調味料になっているのがすごいところ」と応じます。一つの個性的な調味料から、これからも、たくさんの味わいが生まれてきそうです。

有限会社かんずり　Kanzuri Co., Ltd.
新潟県妙高市に本社・工場を構える。1966年、地域の伝統調味料を後世に伝え、広く発信したいという思いから、東條邦次さんが創業。10年ほどの試作期間を経て、現在のかんずりの製法を確立。以来、変わらない製法でかんずりを造り続けている。

おすすめの調理方法 |

寒ぶりのかんずり焼きと菜煮

真冬の雪さらしを経ておいしさを増すかんずりを、
脂ののった寒ぶりと合わせました。
また、付け合わせとして、新潟県で
冬に野菜を摂るために昔から食べられてきた
体菜の漬物を煮物にしました。

材料 (4人分)

寒ぶり —— 4切れ
かんずり —— 大さじ1
体菜の漬物 —— 1パック
※野沢菜など青菜の漬物で代用しても可

油揚げ —— 2枚
八方だし
　｜　だし —— 4カップ
　｜　みりん —— 1/2カップ
　｜　醤油 —— 1/2カップ

作り方

1　ぶりの切り身を焼いたあと、皮目にかんずりを塗って再度焼き上げる。

2　体菜の漬物を流水で洗って塩気を抜き、だし、みりん、醤油を合わせた
　八方だしで油揚げとともに煮含める。

3　器にぶりをのせ、体菜の煮物を添える。

海苔

愛知県　株式会社山ヨ榊原商店
榊原隆宏さん

愛知県　鬼崎漁業協同組合
竹内康雅さん

江戸時代に養殖技術が確立する以前から
海に囲まれた国ならではの食材として、長く親しまれてきた海苔。
佐賀県の有明海や瀬戸内海のものなどが有名ですが、
実は愛知県にも、その香り、色、味わいから、
料亭や高級寿司店が買い求める質の高い海苔があります。
丁寧な少数生産を守るがゆえに、
知る人が限られてきた愛知県鬼崎の海苔。
長年、そんな鬼崎の海苔を扱ってきた
老舗海苔問屋「山ヨ榊原商店」の方と一緒に、
伊勢湾に面した海苔の養殖現場、鬼崎漁業協同組合を訪ねました。

鬼崎を選ぶのには理由がある

「地元の海でも海苔が採れるのに、どうして、わざわざ遠く離れた鬼崎の海苔ばかり仕入れるんですか」。創業1885（明治18）年の老舗海苔問屋「山ヨ榊原商店」の五代目社長・榊原隆宏さんは、ときどき地元の方にそう聞かれると言います。それもそのはず、榊原さんのお店があるのは愛知県東部の豊川市ですが、鬼崎の漁場があるのは愛知県西部の伊勢湾内。鬼崎の海苔は、他の産地のものと一体何が違うのでしょうか。まずはそこから、お話を伺いました。

そもそも海苔は、川が海へと運んでくる栄養分によって成長します。そのため、養殖場が河口に近いほど海苔は十分な濃度の栄養を吸収することができ、河口から離れるほど吸収できる養分が薄くなってしまうのだそう。鬼崎が位置しているのは、伊勢湾の中でも日本アルプスや濃尾平野からのミネラルをたっぷりと含んだ木曽三川の水を最初に受け止める海域。大地の養分を一身に浴びて育つ海苔は、「味・香り・歯切れのバランスが全国一」と榊原さんも太鼓判を押します。

そんな恵まれた海を持つ鬼崎漁協は、水揚げ高の9割が海苔。もともと魚や貝の漁穫量が減る冬の時期の収入を確保するために始まった海苔の養殖でしたが、今では鬼崎漁協の代名詞と言えるほどの規模にまで成長しました。全国的に見て愛知県の海苔収穫量は多い方ではありませんが、鬼崎の海苔は、その質の高さから日本中のバイヤーが買い付けに来るのだそうです。

「だからあのとき、高値をつけて海苔を買っときゃ良かっただて！」。豪快に笑いながら、榊原さんにそう話しかけるのは、鬼崎漁協の組合長・竹内康雅さん。以前、わずかな入札金額の差で目当ての海苔を買い逃した榊原さんのことをからかう竹内組合長の姿から、冗談を言い合える二人の関係性が伝わってきます。

山ヨ榊原商店と鬼崎漁協の付き合いが始まったのは、榊原さんの先代社長の時代から。新芽ならではの口どけと香りを持つ鬼崎の「初摘み海苔」のみに的を絞り、確かな取り引きを重ねてきました。

そして、そんな両者と無印良品が出会ったのは、今から数年前のこと。榊原さんと同じように、良い海苔を求めて全国を探し回った末にたどり着いたのが、ここ鬼崎の海苔でした。以来、藤林シェフの主催する料理教室を榊原さんや竹内組合長が訪れたり、逆に藤林シェフが鬼崎を訪問したりと、交流を深めています。海苔の味はもちろん、築いてきた関係性も、鬼崎が選ばれ続ける理由の一つかもしれません。

支柱柵方式。潮の干満で海苔が海面から出たり入ったりすることで、赤みのある海苔が育つ。

日光浴する海苔

普段、何気なく口にしている海苔。実は2種類の養殖方法があり、育て方の違いが色合いや味の差となって表れてくることをご存じでしょうか。一つは九州で、もう一つは瀬戸内海で代表的とされる養殖方法ですが、鬼崎の海ではどちらの養殖方法も採用。異なる特徴を持った海苔を同時に生産しています。

一つ目の養殖方法は、遠浅の海に無数の支柱を打ち立てて、支柱と支柱の間に海苔の種をつけた網を張る「支柱柵方式」。主に佐賀県の有明海などで見られる方法です。ちょうど木と木の間に張ったハンモックのように、一定の高さで海苔網が浮かんでいるため、潮が引いて海水面が下がると海苔網が水面から顔を出して日光にさらされます。この環境が天然の海苔の生育環境に近いことから、天然ものに近い赤みがかった海苔が育つのだそう。独特のやわらかさや口どけの良さを持っていると言われ、歯切れの良い海苔に仕上がります。

こうして育てた海苔の収穫時期は11月末頃から3月末頃までとされていますが、海に支柱を打ち立てていくのは、まだ夏の暑さも厳しいお盆過ぎの時期。さらに、春先に収穫が終わるとすぐ支柱を回収しなくてはならず、作業は決して楽ではありません。「海苔の養殖で一番大変なことはなんですか」と竹内組合長に尋ねたところ、「気象条件。気温や水温は、人間がコントロールできないもんでな」とのこと。しかしすぐに発せられた「まあ、それに流されながらも、上手にやるだて」という言葉からは、長年自然を相手に仕事をしてきた鬼崎漁師の気概のようなものが伝わってきます。

浮き流し方式。栄養分豊富な海に長時間浸かることで、黒々とした海苔が育つ。

海苔

海水浴する海苔

養殖方法の二つ目は、ブイを使って海面に海苔網を浮かべる「浮き流し方式」。主に瀬戸内海の漁場で見られる方法です。干満のリズムに応じて海苔網が海面から出たり入ったりする支柱柵方式と異なり、浮き流し方式では、常に海苔網が海水に浸かっています。その分、海苔が海から栄養を吸収する時間が長くなり、黒々とした光沢のある海苔になるのだそう。この黒さは鬼崎の海苔の特徴とされており、「僕らの浜ではさ、黒ければ黒いほど味も香りも揃った証拠」なのだと竹内組合長。しかしもちろん、鬼崎の海に海苔網を浮かべていれば誰でも簡単に黒い海苔が手に入るわけではありません。そこには当然、それぞれの漁師の腕前が関わってきます。組合長いわく、「海苔網を張ってからの1週間が勝負」。赤ん坊段階の海苔が何か病気にかかっていないか、異常はないか、わが子のように大切に世話をすることで、海苔に黒い艶が生まれてくるのだそうです。

「もぐり船」の名にふさわしく

支柱柵方式と浮き流し方式。どちらも収穫にあたっては、海苔漁師専用の「もぐり船」を使います。この「もぐり船」、その名の通り、海面に浮かぶ海苔網の下に船の先端を潜り込ませて、船全体で網を被るようにして海苔を収穫します。一見すると機動力重視のコンパクトな小型船ですが、標準的なサイズの焼き海苔2万枚分もの海苔を収穫することが可能。この船で漁場を縦横無尽に駆け回りながら、海苔の旬を逃さないよう収穫作業を進めていきます。

もぐり船の船上から見た海苔の収穫の様子。海苔網の下に潜り込み、網から垂れ下がった海苔を回転する刃で刈り取る。

088 — 089　　海苔

手作業の質が、海苔の品質

もぐり船で収穫した海苔は、その日のうちに乾海苔に加工するため、浜にある組合の共同加工場へと運ばれます。ここで何度も念入りに海苔を洗い、小エビなど海ならではの異物を丁寧に除去。その後、紙漉き機に似た機械で海苔を整形しながら、一枚一枚、時間をかけて乾燥させていきます。「洗いから乾燥まで、加工場の機械は全自動で動いているんですか」と尋ねると、「ほぼ自動なんだけども、それでも人の手がいるんだわ」とのこと。特に難しいのが海苔を乾燥させる際の厚みの調整。その日の海の様子によって異なる海苔の長さ、硬さを見極めて、乾燥させる海苔の量を人の手で細やかに調節するのだと言います。そして最後の検品でも、人の手と目が活躍します。破れはないか、穴は開いていないか。鬼崎の名にふさわしい海苔かどうか、感覚を研ぎ澄ませながら、確かめていくのです。

左：榊原隆宏　Takahiro Sakakibara
1966年愛知県豊川市生まれ。創業明治18年老舗海苔問屋「山ヨ榊原商店」代表。1988年から同店に勤め、海苔の入札、配達、営業など問屋業務のすべてを学んだあと、2002年に五代目を継承。

右：竹内康雅　Yasumasa Takeuchi
1962年愛知県常滑市生まれ。「鬼崎漁業協同組合」代表理事組合長。1988年より漁師となる。以来、30年以上にわたって海苔養殖に取り組む。

海苔

全部で9棟ある海苔の共同加工場。一つの棟で、海苔の洗いから乾燥まで行うことができる。

鬼崎を、次の世代へ

後継者不足に頭を悩ませがちな漁業の現場にあって珍しく、1949年設立の鬼崎漁協には20代の若手漁師から70代の大ベテランまで各世代がバランス良く揃っています。この、各世代が安心して働ける環境を実現するのに一役買ったのが、数年前に建てられた海苔の共同加工場でした。

もともと鬼崎の海苔養殖は家族単位の経営が主だったため、家庭ごとに海苔の加工機械を導入していたのですが、設備の維持費用がかさんでしまうことも多く、それが養殖業を続ける際のネックとなっていました。そこで、組合が旗振り役となって共同の海苔加工場を建設。さらに、加工機械を動かすオペレーターや乾海苔を梱包するスタッフといった人手も確保することで、漁師が海での養殖に専念できる体制を作り上げたのだと言います。今、全国で主流になりつつある共同加工場を、愛知県で初めて導入したのがここ鬼崎だったそう。「それだけ、海苔や故郷の海に対するみなさんの思いが強いんですね」と榊原さん。「自分も今五代目ですが、十代目まで目指します」と力強く意気込みを語ります。

これから先、10年20年と続いていくであろう鬼崎の海苔養殖。竹内組合長に話を伺うと、「自分ががむしゃらに海に出ていた若い頃の気持ちを、息子世代が受け継いでくれれば」との言葉が返ってきました。そのとき一緒にいた漁師の方が教えてくれたのは、「組合長が乗る船の名前は、自分と息子の名前から一文字ずつ取ったものなんだよ」というエピソード。船を、海を、海苔を、次の世代に受け継いでいく。鬼崎にふさわしい逸話が、最後に聞けました。

海苔 ｜ もろこ寿司

おすすめの調理方法 |

もろこ寿司

古くから関東と関西の食が混ざり合い、
独自の食文化が花開いた愛知県の郷土料理に、
川魚のもろこを使った「もろこ寿司」があります。
川のみならず、海や山にも恵まれた風土を映して、
山のわさびを混ぜ合わせた酢飯に、
川のもろこと海の海苔を重ねました。

材料 (4人分)

米 —— 3合
寿司酢
  米酢 —— 大さじ4
  砂糖 —— 大さじ3
  塩 —— 小さじ1と1/2
でんぶ —— 大さじ2
わさびのみじん切り —— 大さじ1
もろこの甘露煮 —— 100g
黒海苔 —— 2枚

作り方

1　米を洗い、酢飯の水加減で炊く。寿司酢の材料を混ぜ合わせておき、米が炊けたら寿司酢を回しかけ、切るように混ぜて蒸気を飛ばす。

2　酢飯にでんぶ、わさびのみじん切りを入れ、混ぜ合わせる。

3　混ぜ合わせた酢飯を、寿司用の押し型の底に1cmほど敷き詰める。

4　酢飯の上に海苔を敷いたら、その上に酢飯の層、もろこの甘露煮の層を重ねる。

5　さらに海苔、酢飯、海苔……と交互に重ねていき、ミルフィーユ状に層を厚くする。

6　押し型の蓋を使い、上から強く押し込んで形を整える。

7　食べやすい大きさに切り分け、盛り付ける。

塩引き鮭

新潟県　新潟漁業協同組合　岩船港支所

日本の港町では古くから、豊富に獲れた魚介の
保存性を高めるため、干物を作ってきました。
新潟県の北に位置する村上市は鮭の名産地。
新鮮な鮭を塩漬けにしたあと、乾燥させて干物にする
「塩引き鮭」は江戸時代から受け継がれてきた伝統食品です。
毎年、真冬の風が強く吹く期間にのみ生産されます。
じっくりと時間をかけて乾燥させるため、身が熟成し、
生鮭では味わえない旨味が出ます。
そんな塩引き鮭を生産している、岩船港にほど近い加工場を訪ね、
下ごしらえから乾燥までの工程を実演していただきました。

北西の寒風でおいしくなる

一昨日降ったという雪が、まだ沿道に残っていました。岩船港の直売所所長である中島真津夫さんによると、ここ数日で気温がぐっと下がったとのこと。塩引き鮭の季節です。

塩引き鮭は、雪国ゆえの不漁に備えた保存食として生まれました。寒波によって大時化になると漁ができないため、各家庭で鮭を長く保存する工夫をしていたのです。民家の軒先に吊るされた塩引き鮭は、村上の冬の風物詩。隣町の山北支所で毎年12月に行われる「塩引き祭り」では、1000匹が30分で完売してしまうほどの人気だそうです。冷凍などの保存方法がなかった時代、必要に迫られて生まれた製法が、新たな味と文化を生んで、今も愛され続けています。

「材料に使うのは、一番脂ののった鮭。川へのぼる直前の雄鮭です」と中島さんは言います。鮭は川へのぼると、みるみる皮が黒くなり、旨味も抜けてしまうのだそうです。鮭の漁が始まるのは10月頃からですが、乾燥の工程が始まるのは11月末から12月初め頃。気温が十分に下がってからの冷たい風でないと、干している間に身が傷んでしまうためです。「村上の湿った寒風だから、おいしくなるんだよ。より海が近いほど、塩気のある浜風に当たるからか、旨味が強い感じがしますね」と中島さん。風の違いで味わいが変わる、子どもの頃から塩引き鮭を味わってきた地元の方ならではの視点です。

伝統の3センチ

塩引き鮭作りの実演をしてくださったのは、新潟県漁協女性部連絡協議会の会長も務める丸山チカ子さん。まずは鮭をよく洗い、ぬめりを取って、腹を割きます。このとき、すべて割ききらずに、包丁を途中で止めます。中ビレのあたりが3センチほどつながっているところを指して見せてくださいました。これは「止め腹」と呼ばれ、村上の塩引き鮭ならではの特徴です。

「ほんとのところを言うと、全部開いてしまった方が乾きがいいんですけどね。伝統だから続けているんです」と丸山さん。この割き方を続ける理由は、村上が城下町で、武家の多い地域だったことに由来します。腹をすべて割いてしまうと「切腹」を連想するため、一部をつなげたまま残すことが習慣になったのです。

内臓を取り出して再度洗い、水気を取ったら、いよいよ「塩引き」の工程です。たっぷりの塩を、外側、内側、ヒレの後ろまで丁寧に擦り込んでいきます。目玉も一度くり抜いて、中まで塩を擦り込んでから元に戻します。「塩引き」が終わったら、発泡スチロールなどの箱に入れ、冷暗所で7～10日ほど寝かせることで、身全体に塩をしみ込ませます。

下ごしらえが大切

塩蔵の期間が終わったら、一昼夜流水にさらして塩抜きをします。塩抜きの
加減は経験が物を言うため、一番大切な工程だと言います。塩抜きの工程を
終えた鮭は水分が抜けてしわが寄ってしまうので、できるだけ元の形に近づ
くよう、たわしや手でマッサージするように形を整えます。
「きちんと下ごしらえができていれば、仕上げはきれいになりますよ。たとえ
ば最初の準備でぬめりが取りきれていないと、色がまだらになっちゃうの」
と丸山さん。塩引き鮭は縁起物としても重宝されていて、見た目の美しさも
大切です。ぬめりをしっかり取る工程や、しわを伸ばして整える工程、ヒレ
や目玉が取れないように気をつけることで、見た目を立派に保っています。

必ず尾から干す

鮭の形が整ったら、最後は乾燥の準備です。干し場へ吊るすための縄を尾に
かけます。「重さがかかるほど締まる結び方なんですよ」と丸山さん。説明し
てくださりながら、手早く結び目ができあがりました。一般的な魚の干物は
頭を上に干すことが多いのですが、村上では必ず尾から吊るします。これも
腹を残すのと同じで「首吊り」を連想させないための工夫です。中まで風が当
たるように、割り箸でつっかえ棒をしたら、2階の干し場へ向かいます。

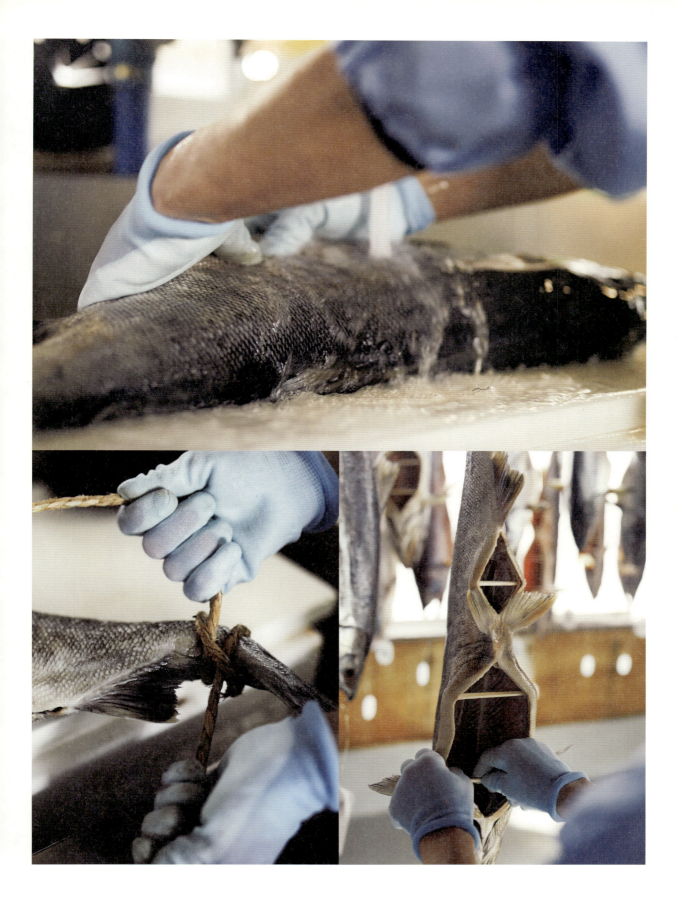

塩引き鮭

塩引き鮭

冷たい浜風がよく当たるように

階段をのぼると冷たい風が吹き込んでいて、外より寒く感じるほどです。よく風を当てなければ鮭が傷んでしまうため、もちろん窓は全開、扇風機まで回されていました。たくさんの鮭がずらりと吊るされている光景には迫力があります。
近くで見ていると、鮭からぶらさがっている札について丸山さんが教えてくださいました。「小さい札は水揚げのときの重さなんです」。この日は3キロ台から6キロ台のものまでありました。一部の鮭についている大きな札には名前が書かれていて、「それは予約している人の名前で、売約済みのものですね」とのこと。この日も、近所のご夫婦が来週干し上がる鮭を見に来ていて、1匹ご予約。近くに住む方々は自分の目で塩引き鮭を選んで買って帰るか、干している最中のものであれば予約していくそうです。

白いごはんと食べてみて

「地元の米と一緒に食べるとほんとにおいしいよ」。直売所所長の中島さんによると、旨味が凝縮された塩引き鮭は、やはり白いごはんと一緒に食べるのが最高だと言います。Café&Meal MUJIでも過去、おにぎりの具材として塩引き鮭を使用していました。
多くの人に愛される塩引き鮭の味。村上の気候風土がおいしさの鍵ではありますが、塩引きの技術を外へ広めるための催しもあります。「塩引き道場ってあってね」と教えてくださったのは丸山さん。年に1回開催されており、塩引き鮭の製法や工程を学ぶための教室です。市内・県内だけでなく、遠方からも作り方を習いに来る人がいます。特に塩引き鮭の味に感動した方が、定年退職後の趣味として学びに来ることが多いとのこと。このように、村上だけでなく県外の人々にも塩引き鮭の製法とおいしさは引き継がれていっています。

新潟漁業協同組合 岩船港支所　Niigata Fisheries Cooperative Association, Iwafune Port Branch
90隻の船と100人ほどの漁師が所属し、漁を行っている。塩引き鮭は、今回訪ねた「鮮魚加工所」とともに岩船港支所が運営する「岩船港直売所」で購入することができ、直売所では鮭のほか、さまざまな旬の魚介類も販売している。

おすすめの調理方法 |

年取り魚の土鍋ごはん

伝統的な製法で作られた塩引き鮭は、
年越しの際に縁起物の魚を食べる風習
「年取り魚」にも使われます。その風習にちなみ、
正月野菜であるゆり根、くわいなど、
縁起の良い食材ばかりで仕上げた土鍋ごはんです。

材料 (4人分)

米 —— 3合
塩引き鮭 —— 1切れ
ゆり根 —— 1/2個
くわい —— 3個
八方だし
　| だし —— 2カップ
　| みりん —— 大さじ3
　| 醤油 —— 大さじ3
一番だし —— 3カップ
薄口醤油 —— 大さじ1
いくら —— 大さじ2
白ごま —— 小さじ1

作り方

1　塩引き鮭を焼いて、ほぐしておく。

2　ゆり根を1枚ずつ外して、洗って茹でる。

3　くわいの皮を剥き、スライスして、だし、みりん、醤油を合わせた八方だしで煮含める。

4　一番だしに薄口醤油を加えて米を炊き、炊き上がったら1～3の具材を混ぜ込む。

5　器に盛り付け、その上にいくらを飾り、白ごまを散らす。

番外編 | 食の未来を考える

ジビエ Gibier

フィンランド｜ヴィーヴィ・ライネさん
Finland｜Viivi Laine

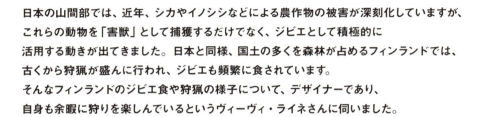

日本の山間部では、近年、シカやイノシシなどによる農作物の被害が深刻化していますが、
これらの動物を「害獣」として捕獲するだけでなく、ジビエとして積極的に
活用する動きが出てきました。日本と同様、国土の多くを森林が占めるフィンランドでは、
古くから狩猟が盛んに行われ、ジビエも頻繁に食されています。
そんなフィンランドのジビエ食や狩猟の様子について、デザイナーであり、
自身も余暇に狩りを楽しんでいるというヴィーヴィ・ライネさんに伺いました。

ヴィーヴィ・ライネ Viivi Laine｜インテリアアーキテクト、デザイナー。2008年、ヘルシンキ芸術デザイン大学（現アールト大学芸術デザイン建築学科）修了。卒業後はフリーランスのデザイナーとして、レストランSinneのインテリアデザインに加え、多数のエキシビションデザインを手がける。2010年からは建築事務所JKMM Architects、Studio Puistoにてインテリアデザイナーとして勤務し、現在は再度フリーランスのデザイナーとして活動。

「フィンランド語で、『森（Metsä）』という単語と『狩り（Metsästää）』という単語はとてもよく似ているんです」とヴィーヴィさんが教えてくださいました。フィンランドでは、森に入って獲物を得ることは、とても自然なことなのだと感じられるエピソードです。
フィンランドは、国土の4分の3近くを森林が占める森林大国です。また、「自然享受権」という権利が法律で認められており、個人が所有する土地であっても、誰でも自由に自然の中を散策したり、キノコやベリーを採取したり、小規模な釣りを楽しんだりすることができます。自然享受権には含まれませんが、同じように自然の恵みを享受する狩猟も盛んで、

ヘラジカ、シカ、ノウサギ、野鳥などのジビエは、家庭の食卓にもよく並ぶそうです。
ヴィーヴィさんは、父のレオさんが趣味で度々狩猟に出ていた影響で、21歳のときに狩猟を始めました。狩猟のベストシーズンは秋。シカ、ノウサギ、ヨーロッパオオライチョウなどがヴィーヴィさんの主な獲物です。ヨーロッパオオライチョウの狩猟の際には友人たちと一緒に、フィンランド北部、ノルウェーとの国境付近のラップランドまで、1200キロほどの距離を車を運転して出かけます。
ヴィーヴィさんは、「狩りそのものはもちろん、その途中で自然と触れ合うことが何よりの楽しみ」だと言います。森の中で焚き火をして、湖や池で汲んだ水を沸かしてコー

1｜獲物のヨーロッパオオライチョウを手にするヴィーヴィさんと猟犬のエッレ。　2｜「息抜きの焚き火（Taukotuli）」と呼ばれる焚き火の様子。　3｜ヴィーヴィさんが所属していた建築事務所、Studio Puistoが手がけた「Sauna Hut（サウナ小屋）」。　4｜狩りで獲った肉を干している様子。塊のまま1日塩水に浸けたあと、薄く切って、風通しの良い場所に数ヶ月間吊るしておく。　5｜ヴィーヴィさん作のジビエ料理。ウサギの肉とクランベリー、ポテトを使ったもの。

ヒーを淹れることは「とても良い息抜きになる」そうです。狩りに出かける際の持ち物も、柄と鞘にトナカイの角を使ったナイフや、木のこぶから削り出したカップ、白樺の樹皮を編んだ弁当箱など、どれも自然の素材を生かしたものばかり。

その感性は、ヴィーヴィさんのデザインワークにも通じており、「いつも木を大切に使っている」と言います。小枝の形をそのまま生かしたフックなど、自然の中で見つけた形をデザインの要素として取り入れることも心がけているそうです。

ヴィーヴィさんが用意してくださったジビエの加工品を試食させていただきました。ラップランドで購入したというトナカイ肉のコールドスモークは、肉を干したあと「レッパ」という木材を使って低温で燻したもので、しっとりときめの細かい仕上がりです。臭みのない赤身肉で、噛むほどに旨味を感じます。ヴィーヴィさんの父レオさんお手製のヘラジカの缶詰は、こちらもくせがなく、コンビーフのようでパンにのせてもよく合います。こういったジビエの加工品は、狩猟を行わない人でもお店で気軽に手に入れることができ、保存食としても便利なのだそうです。

自然を楽しみ、その恵みを余すことなく享受するための一つの方法として、狩猟やジビエ食が根付いているフィンランド。日本でも、ジビエがより気軽な選択肢として広まっていくといいと感じるお話でした。

なにわの伝統野菜

難波葱／天王寺蕪／田辺大根

大阪府
上田隆祥(たかよし)さん
藤本泰一郎(たいいちろう)さん

古くからその土地で栽培され、採種を繰り返す中で
気候や風土に合わせて形を変化させ、
地域に根付いた野菜を「伝統野菜」と呼ぶことをご存じですか。
大阪府大阪市にも、100年以上前から
大阪の食文化を支えてきた「なにわの伝統野菜」があります。
品種改良せず、種を守り続けてきた伝統野菜と、
品種改良を重ね、一年を通して流通している野菜との違いとは。
住宅街の中に広がる、上田隆祥さんと
藤本泰一郎さんの畑を訪ねました。

蜜を秘めた、葱

代々、難波葱の種を継承し、栽培を続けてきた上田隆祥さんの畑には、葱の香りが広がっていました。「くたっとしてるでしょ?」と上田さんが笑うように、収穫を待つ難波葱の姿は、まるでお辞儀をしているかのよう。そのやわらかさから、成長過程で葉が折れてしまうこともあるそうです。葉の中に土や水が入ったら商品として出荷はできません。そのため、上田さんは収穫から出荷まで一本ずつ手作業で行います。また、少しでも傷んだ葉があれば、剥いてきれいに整えます。その姿からは、難波葱に対する愛情が伝わってきました。

難波葱の特徴は、なんと言ってもその甘さ。難波葱は、生でかじると口に強い辛味が残ります。しかし、加熱することで辛味は甘い旨味へと変わります。それもそのはず。難波葱の葉は、旬の寒い時期になると蜜のようなエキスを溜め込むのです。特に上田さんの難波葱は、葉の切り口から滴り落ちてくるほど。指に取って舐めてみると「甘いやろ?」と笑顔の上田さん。かつては、ぬめっとしたエキスが包丁で切りにくいと、料理人から敬遠されていたこともあったそうです。それでも「焼くだけでうまい」と上田さんが断言するように、葱嫌いだった人が葱好きになってしまうほどの甘さから、今では取り扱う料理店も増えています。

なにわの伝統野菜

左：収穫直後の難波葱。土を落として畑から自宅へ持ち帰ったあと、傷んでいる葉を剥き、水洗いする。
右：出荷に向けてきれいに仕上げた難波葱。水洗いのときに葉が折れてしまうこともあるため、力任せにせず、やさしく丁寧に仕上げる。

個性の強い、蕪と大根

「毎年、やめるやめるって言うててね」。そう笑いながら話してくださったのは、15年前から天王寺蕪と田辺大根を栽培する藤本泰一郎さん。野菜の大きさも形も揃わず、同じものを作ることが難しいと言われている伝統野菜とずっと向き合ってきました。土から浮き上がるように育つ天王寺蕪は、根一本で実と葉を支えています。「それがこいつの難しいとこ」と言うように、風で倒れてしまうことも、葉が折れてしまうこともあるそうです。また発芽率も低く、その確率は50〜60パーセント。田辺大根も発芽率の低さは同じくらいで、種を5粒蒔いても芽が出ないことがあったとか。しかも、大根は芽が出ても土から抜くまで、どのくらい成長しているのか見えません。「最初は、どっちもよう失敗したな。出来が悪かったり、育たんかったり」と当時を振り返ります。
藤本さんが作る天王寺蕪と田辺大根は、肉厚の実としゃきしゃきの葉が特徴。その味わいは、どちらも甘味たっぷりです。おすすめの食べ方を尋ねると「蕪は漬け物。大根はおでんやな」と言いながら、ちょうど収穫したばかりの大根を見て「これなんか、ふろふき大根にするとええよ。炊いたら、煮崩れせえへんしね」と教えてくださいました。生産者によって、大きさも形も味も異なる伝統野菜。その味をうまく引き出せるか、調理する人の腕前も同時に試されると言われています。

収穫したばかりの田辺大根の実を切ると、みずみずしく、きめの細かい肉質がはっきりとわかる。大根おろしにすると、ぴりっとする辛味があり、薬味にも最適。

抜いてみるまで、その大きさや形がわからない田辺大根。写真の形がベストだそう。「ずんぐりむっくりでかわいいやろ。一本一本、顔つきがちゃうのは土のせいやろな」と言う藤本さんが作る大根はどれも同じ大きさ。立派な葉には、「もうじ」と呼ばれるトゲがないため、葉までもおいしく食べられる。

わが子を育てるように

同じ品種でも、大きさや形、味が異なってくる理由の一つに、栽培方法の違いが挙げられます。重要となるのが「土作りと間引き」です。上田さんは、毎年、肥料に工夫を加えて、土そのものを改良しているそう。「今年は通常の肥料に、米ぬかとメカジキの頭も加えたんですよ」と言って難波葱を抜くと、立派に根を張っていました。それは肥料が効いているという証です。ただ、「肥料を活発に取る子もおれば、取らない子もおる」とのこと。葱同士で栄養の奪い合いをするそうです。そのため、肥料の与え方が重要になります。葉がやわらかく、甘くなるのも、肥料次第。上田さんは、与えるタイミングと成分を細かく管理することで、より良い難波葱を生育していました。

藤本さんは、栽培を始めてから3年目まで土作りの難しさに手を焼いていたそうです。その経験を糧に、今では独自の土作りを行っていました。「同じように作ればいいっていう野菜はないからな。自分で考えて見つけんと」。どうするかは作り手次第。間引きも同じです。天王寺蕪は、成長過程で隣の蕪とぶつかって変形してしまうため、複数の種を蒔いて、育ちの良い株を残して13～15センチ間隔になるよう間引きます。田辺大根は、30センチ間隔で種を5粒蒔いて、良いものだけを育てるそう。「発芽率が低い上に成長が遅いやつもおるから」と、栽培方法の難しさには今も苦戦していました。

また、防虫も大きな課題です。難波葱は、その強い香りに惹かれて虫が集まりやすいのも特徴。「きっと、おいしいんですよ」と上田さんは笑っていましたが、虫の活動は気温が高くなると活発になります。さらに駆除するタイミングが難しいため、暑い日は畑の隅から観察しながら、そのタイミングを探っているそうです。天王寺蕪と田辺大根も「葉っぱが甘いから、よう食べよるんですわ」と藤本さんは言います。どのような対策をとっているのか伺うと「寒冷紗で野菜を覆う。そしたら、防虫になるし、風よけにもなるでしょ」と独自の防除策をとっていました。すべては、おいしく美しい野菜を提供するため。上田さんも藤本さんも手間を惜しまず、わが子を育てるように栽培しています。

なにわの伝統野菜

伝統野菜の作り手として

なにわの伝統野菜は、誰もが栽培しているものではありません。そこには、生産者としての誇りと責任感があります。「注文を受けたら、『ない』では済まされない」。それまで笑いながら話していた藤本さんでしたが、このときは真剣な表情。作り手によって味が異なるため、注文は指名です。手間ひまを惜しまないのは、期待に応えるためでもありました。今後の目標について尋ねると「生産から加工、販売までを一貫して手がける六次産業化ができたら、若い人もおもしろがって作るようになるかもしれんね」とのこと。「でも、難しいか」と照れ隠しのように、また笑いながら答えてくださいました。

上田さんは言葉には出しませんでしたが、味も見た目も妥協せず、厳選した難波葱を出荷する姿から、生産者としての誇りと責任感が伝わってきました。「どんな瞬間がうれしいですか？」と尋ねると、「おいしいと言ってもらえることが一番うれしいね」と笑顔で即答してくださいました。

希少な野菜から、気軽な野菜へ

「恥ずかしいんやけど、大阪で生まれ育ったのに数年前まで知らんかった」と語るのは、藤林シェフ。調べてみると、栽培方法の難しさから生産量が少なく、市場にあまり出回っていない希少な野菜だったことを知ります。「もっと多くの人に気軽に食べてもらいたいし、生産者のみなさんにも喜んでもらいたい」。その思いから、藤林シェフは無印良品でなにわの伝統野菜を取り扱えるよう行動します。数少ない生産者を探しては、畑を訪ねる日々。そして、難波葱作りの第一人者である上田さんと、大阪市なにわの伝統野菜生産者協議会の副会長を務める藤本さんとのつながりが生まれます。お二人との親密なやりとりから、幾度となく足を運んで交流を深めてきたことがうかがえました。まだまだ希少な野菜であることは変わりません。それでも「もっと多くの人に食べてもらいたい」という三人の願いが叶う日は、確実に近づいています。

左：上田隆祥　Takayoshi Ueda
1938年大阪府大阪市生まれ。難波葱生産者。石油元売会社を退職後、代々難波葱を生産してきた実家の畑を継ぐ。難波葱の認知・普及のためにメディアへ出演するなど、精力的に活動している。

右：藤本泰一郎　Taiichiro Fujimoto
1958年大阪府大阪市生まれ。「大阪市なにわの伝統野菜生産者協議会」副会長。大阪市農業協同組合を退職後、2004年より、天王寺蕪、田辺大根、勝間南瓜、玉造黒門越瓜を生産している。

なにわの伝統野菜 ｜ 難波葱のおひたしと牡蠣のタプナード

おすすめの調理方法 |

難波葱のおひたしと
牡蠣のタプナード

秋冬に旬を迎える難波葱を茹でて旨味を出し、
同じく秋冬が旬の牡蠣を合わせました。
旬の食材同士を組み合わせることで
互いの味を引き出しています。

材料（4人分）

難波葱 —— 4本
生牡蠣 —— 4個
タプナードソース
　黒オリーブ —— 大さじ2
　アンチョビフィレ —— 2枚
　エシャロット —— 1片
　オリーブオイル —— 大さじ2
　塩 —— 適量

作り方

1　難波葱を水洗いし、やわらかくなるまで茹でて、氷水で冷ます。

2　牡蠣を水洗いし、蒸して加熱したあと、冷ます。

3　タプナードソースを作る。黒オリーブ、アンチョビフィレ、エ
　シャロットを刻んでオリーブオイルで和え、塩を加える。

4　難波葱の上に、牡蠣とソースをトッピングする。

豆腐

沖縄県　石嶺とうふ店　山村日出男さん・洋子さん

冷奴をはじめとする料理や、油揚げなどの加工品として
古くから日本の食卓にのぼってきた豆腐は、
沖縄の食文化において重要な地位を占める食材でもあります。
沖縄には、「ゆし豆腐」と「島豆腐」と呼ばれる独特の豆腐があり、
貴重なたんぱく源としてさまざまな料理に用いられてきたほか、
祝いや祭りの際などにも欠かせないものでした。
沖縄県宮古島市で50年以上の歴史を持つ石嶺とうふ店は、
生絞りの豆乳をかまどで炊き、宮古島の海水を使って固める
昔ながらの製法で、今も豆腐作りを行っています。
そんな石嶺とうふ店の二代目である、
山村日出男さん・洋子さんにお話を伺いました。

宮古の海が入った豆腐

「ここはとても好きな場所よ、自分の生まれ育ったところだから」。そう話してくださるのは、山村洋子さん。窓の外にはさとうきび畑が広がっており、時折ざあっと、さとうきびの葉が風で擦れる音がします。

石嶺とうふ店は、洋子さんの母、石嶺シゲさんが1964年に始めた店です。26年前、シゲさんが店の存続について悩んでいたとき、「この味をなくしたくない」という思いから、洋子さんと夫の日出男さんが跡を継ぎました。

お二人の朝は早く、日出男さんが起床するのは毎日午前1時過ぎ。大豆を挽いて絞るところから始め、8時間ほどかけて豆腐を作り、できたての「アチコーコー（熱々）」のものを、周辺のスーパーマーケットや島の駅などに届けます。豆乳170円、ゆし豆腐230円、島豆腐300円。地元の方々が毎日食べている豆腐です。みなさん手で触って、温かいものから買っていくそう。そのおいしさは、「大豆、海水」という潔い原材料表記からも伝わってきます。

沖縄では、「漁に出た日は魚を食べて、海が荒れた日は豆腐を食べていた」と日出男さんが説明するほど、豆腐は貴重なたんぱく源として欠かせない食材で、昔は家庭でも手作りされていました。また、豆腐は祝祭と結びついた食べ物でもあり、古くは結婚式や出産祝いなどの際の祝儀やごちそうとしても、仏事の際の供え物としても使われたそうです。宮古島では、「ニガイ（願い）」と呼ばれる祭祀でも使うと言い、「神様の食べ物」とも言われているそう。それは、「海のものと陸のものが融合した、バランスのとれた食べ物」だからなのだと洋子さんが教えてくださいました。

お二人が「ぜひ食べてほしい」と口を揃えるのは「ゆし豆腐」。沖縄特有の豆腐で、型に入れて固める前のおぼろ状の姿で売られています。にがりではなく海水を使って固めているため、ほど良い塩気があり、そのままでも、醤油や葱を加えてもおいしいそうです。「宮古の海が入ったゆし豆腐を食べて、体の中からも宮古の海を感じてほしい」と洋子さん。そのゆし豆腐をぎゅっと押し固めた島豆腐は、しっかりと密度のある食感が特徴です。温かいまま食べるのがおすすめだそうで、「手でちぎって、鯖缶をのせて、醤油と七味をかけて食べたらたまりません」と洋子さんは言います。

沖縄県宮古島市
石嶺とうふ店

豆腐

生のまま絞る、まろやかな豆乳

豆腐作りの前半、大豆から生豆乳を絞るまでの工程は、主に日出男さんが担当されています。沖縄の豆腐作りの特徴は、この生豆乳を絞る工程にあります。一般的には、大豆に火を通してから豆乳を絞る「煮取り製法」が採用されていますが、沖縄では伝統的に、大豆を生のまま挽いて絞り、あとから釜で炊く「生絞り製法」が採用されています。生絞り製法は、取れる豆乳の量が少なく効率には優れませんが、その分雑味のない、甘くまろやかな味わいに仕上がります。

まずは、前日の夜に大豆を量って水に浸け、吸水させます。一丁の豆腐には約500グラムの大豆が使われており、多い日には30キロもの大豆を使用します。一つの鍋につき10キロの大豆を使い、そこから豆乳とゆし豆腐を取り分けて、残りで16丁の島豆腐ができる計算です。吸水時間は水温によって異なり、水温の高い夏場は3〜4時間、水温の低い冬場は7〜8時間ほどかかります。

翌日午前1時半。真っ暗な作業場に明かりが灯り、日出男さんが現れました。水を吸ってバケツいっぱいに膨らんだ大豆を、何度も水を替えながら洗います。大豆はアクが強く、素手で作業すると皮膚がかぶれるほどだそう。作業場には絶えず水音がしており、豆腐作りにはきれいな水がたっぷりと必要なことがうかがえます。

次は、大豆を挽く工程です。昔は石臼を使っていましたが、今は「豆すり機」という機械で、水を加えながらすりつぶしています。洗う段階から大豆の匂いがしていましたが、すりつぶすとさらに匂いが強くなりました。機械の口から、大豆の粒と豆乳が入り交じった「呉汁（ごじる）」と呼ばれる真っ白な液体が出てきます。この過程で激しく泡が出るため、泡を消すためにごく少量のラードを加えます。

午前2時半頃、釜に火をつけます。遠心分離機を使って「呉汁」を絞り、生豆乳とおからに分けて、生豆乳を温まった鍋に注ぎます。

この匂いがやっぱり好き

一鍋分の豆乳ができあがる頃、洋子さんが作業場に下りてきました。ここからが洋子さんの仕事です。部屋の隅にある神棚に手を合わせてから、直径1メートルほどもある大鍋と向き合います。豆の仕事を続ける日出男さんが「今日は水っぽい」と声をかけると、鍋の横に座った洋子さんが「じゃあ結構燃やして大丈夫？」と応じます。何度も繰り返されてきたことを感じるやりとりです。

洋子さんによると「火加減が一番難しい」そうで、かまどの様子を見ながら、焦げ付かないよう時間をかけて豆乳を炊いていきます。沸騰する寸前まで温まったら、表面に浮いた泡状のアクをすくって取り除きます。アクの下から現れた豆乳は、淡いクリーム色に変わっていました。鍋からは、ほのかに甘い、やさしい豆の匂いが立ちのぼってきます。「この匂いがやっぱり好きだなあと思うのね。豆腐作

りをしていてよかったと思う」と洋子さん。
見ているうちに、豆乳の表面に膜が張りました。これが湯葉です。湯葉を取ったら、海水を加えます。海水の分量も難しいそうで、「なかなかばっちりということがない」と言います。次第に、ふわふわ、もろもろとした豆腐の固まりができてきますが、かき混ぜずにしばらく待ちます。毎回少しずつ色合いも異なると言い、洋子さんは鍋を見ながら「もしもし、もう少し色ついていいですよ」と話しかけていました。豆腐の成分が完全に分離して、水分が透き通ってきたら、まずはゆし豆腐の完成です。
豆乳を炊く薪は、住宅を取り壊す際などに出る廃材を使っています。洋子さんによると、喧嘩が絶えない家や、お年寄りが寂しく暮らしていた家の廃材は「悪い気が溜まっていてくすぶる」そう。そういうときは、塩と酒で薪を清めてから燃やすのだと教えてくださいました。「長いこと薪を扱っていると、わかるようになる」と微笑む洋子さんには、どこか不思議な力があるようにも思えてきます。

豆腐

「アチコーコー」の島豆腐

いよいよ最後の、豆腐を押し固める工程です。「豆腐箱」と呼ばれる木箱に濡らした綿布を敷き、おたまでゆし豆腐を流し入れたら、上からぎゅっと力をかけて押し固めていきます。一度にたくさん入れすぎると、水分が抜けたときに細かい穴が開いてしまうため、十数回に分けて少しずつ入れていきます。木箱いっぱいに豆腐が詰まったら、石臼をのせて2時間ほど置き、さらに水気を切ります。十分水気が切れたら、箱から出して8つに切り分け、島豆腐の完成です。

目の詰まった島豆腐は、ずっしりと持ち重りがし、手に温かさが伝わってきます。店によっても異なりますが、島豆腐の重さは一丁が約1キロもあると言われるほどで、これは一般的な豆腐の約3倍にあたります。また、温かいままの豆腐が販売できるのも沖縄ならではのこと。食品衛生法の関係で、通常の豆腐店では流水でさらした冷たい豆腐しか販売できませんが、できたての「アチコーコー」の豆腐を食べる習慣がある沖縄では、特例として、温かいままの豆腐を販売することが認められているのです。

豆腐

豆腐作りは天職だと思う

豆腐に使う海水は、週に一度、島の西端の西平安名岬(にしへんなざき)まで汲みに行っています。先代のシゲさんの頃は店の近くの港で海水を汲んでいたそうですが、だんだんと海の汚れが気になるようになり、店を継ぐ際、水質が良く汲みやすい場所を新たに探したそうです。

お二人に連れて行っていただいた場所には、息をのむほど青く、澄んだ海が広がっていました。ときどきウミガメが泳いでいることもあるという、美しい海です。ひもを結んだバケツを投げ入れて海水を汲み上げ、タンクに注ぎます。汲んだばかりの海水を舐めてみると、口当たりがやわらかく、塩辛さを感じないほどです。この海水を、さらしと珊瑚(さんご)を使って濾過(ろか)して、そのまま豆腐に使っています。汲み終えたら、感謝の気持ちを込めて、海に向かって手を合わせます。

「宮古の恵みを受けて仕事をさせてもらっている」と考える洋子さんの豆腐作りの根底には、島に対する「お礼」という気持ちがあります。「豆腐を食べて『宮古に来てよかった』と思ってもらいたい。豆腐作りは天職だと思うの。このために私は帰ってきたんだなって」。

一方で、洋子さんは、豆腐の消費量が減っていることを危惧してもいます。最近では、核家族化や高齢化により一丁は食べきれないという家も多く、半丁でも売るようになりました。石嶺とうふ店がある平良西原(ひららにしはら)には、かつては15軒ほど豆腐店があったそうですが、今も続いているのは石嶺とうふ店を含めて2軒しかありません。豆腐作りには大変な手間がかかりますが、地元の人にとって豆腐は当たり前のもの。労力に見合うだけの利益にはなかなかつながらず、後継者不足にも悩まされているそうです。それでも洋子さんは、先代のシゲさんから受け継いだ味を残していきたいと考えています。最近では宮古島に移住者が増えてきたこともあり、昔ながらの製法の価値が次第に認められてきていると日出男さんは感じています。シゲさんは、43歳から豆腐作りを始めて、33年間作り続けたことが自慢だったそう。「私も33年まで頑張れるかな?」と朗らかに笑う洋子さんを見ていると、確かなことは言えませんが、石嶺とうふ店の味はきっとこの先も続いていくのではないかと思えるのでした。

右：山村日出男　Hideo Yamamura
1955年大分県大分市生まれ。「石嶺とうふ店」代表。大手家電メーカーにエンジニアとして19年間勤務。1993年、洋子さんとともに宮古島に移住し、「石嶺とうふ店」を継ぐ。

左：山村洋子　Yoko Yamamura
1959年沖縄県宮古島市生まれ。高校卒業後、一度は宮古島を離れるが、1993年、日出男さんとともに帰島し、母の石嶺シゲさんより「石嶺とうふ店」を継ぐ。

おすすめの調理方法｜

ゆし豆腐

「石嶺とうふ店」に受け継がれる、
生絞りの豆乳をゆっくりと炊いて海水で固める
昔ながらの「ゆし豆腐」を再現しました。
まずは醤油をかけずに、そのままどうぞ。
その後、お好みで醤油や葱、かつお節を加えても。

材料（4人分）

生絞り豆乳 —— 1リットル
擬似海水
　浄水 —— 3カップ
　宮古島の塩 —— 小さじ2強
　※他の海水塩で代用しても可
　にがり —— 小さじ2強

作り方

1　擬似海水の材料をよく混ぜ合わせておく。

2　鍋に生絞り豆乳を入れ、弱火でゆっくり、沸騰する寸前まで温める。

3　豆乳が温まったら、表面に浮いてきたアクをすくって取り除く。湯葉が張ったら湯葉を取る。

4　擬似海水を数回に分けて鍋に加える。

5　ごく弱火で沸騰しない状態を保ち、豆乳がおぼろ状に固まったら器によそう。

　※豆乳やにがりの種類によっては、うまく固まらない可能性があります。

生産者一覧

りんご ｜
事業所名　市民農園ナリタ
代表　　　成田英謙
住所　　　青森県弘前市大字乳井字乳井32-1
電話　　　080-1813-0737
E-mail　　narihide1008@yahoo.co.jp
Web　　　https://ringo-samurai.com/narita-farm/
営業時間　8:00〜17:00
＊通信販売可。電話またはメール、Webサイトにてお申し込みください。
＊見学可。電話またはメールにて、事前にお問い合わせください。時期や作業内容によっては、お断りさせていただく場合もございます。

塩 ｜
事業所名　塩の邑
代表　　　森澤宏夫・百合香
住所　　　高知県高岡郡四万十町上岡95
電話　　　0880-26-0369
Fax　　　 0880-26-0369
E-mail　　mtsolt.aho@gmail.com
営業時間　8:00〜18:00（都合により変更となる場合がございます）
＊通信販売可。電話またはFax、メールにてお申し込みください。
＊見学可。電話またはFax、メールにて、3日以上前にお問い合わせください。

かんずり ｜
事業所名　有限会社かんずり
代表　　　代表取締役社長　東條昭人
住所　　　新潟県妙高市西条437-1
電話　　　0255-72-3813
Fax　　　 0255-72-0344
E-mail　　tojo@kanzuri.com
Web　　　http://www.kanzuri.com/
オンラインショップ　http://kanzuri.shop-pro.jp/
営業時間　9:00〜17:30（土・日・祝を除く）
＊通信販売可。電話またはFax、オンラインショップにてお申し込みください。
＊見学可。電話にて事前にお問い合わせください。

海苔 ｜
事業所名　株式会社山ヨ榊原商店
　　　　　（創業明治18年　海苔専門店）
代表　　　代表取締役社長　榊原隆宏
住所　　　愛知県豊川市御津町下佐脇新屋59
電話　　　0120-582-804／0533-76-3351
Fax　　　 0533-76-3352
E-mail　　nori-yamayo@luck.ocn.ne.jp
Web　　　http://www.yamayo-nori.jp
オンラインショップ　http://www.yamayo-onlinestore.jp/
営業時間　平日 8:00〜18:00、土 8:00〜15:00（日・祝定休）
＊通信販売可。電話またはFax、オンラインショップにてお申し込みください。＊見学不可。

天王寺蕪／田辺大根 ｜
事業所名　大阪市なにわの伝統野菜生産者協議会
代表　　　副会長　藤本泰一郎
住所　　　大阪府大阪市平野区加美鞍作2-2-1
電話　　　06-6793-8701
営業時間　9:00〜17:00
＊通信販売不可。
＊見学不可。

豆腐 ｜
事業所名　石嶺とうふ店
代表　　　山村日出男
住所　　　沖縄県宮古島市平良字西原1246
電話　　　0980-72-7400
営業時間　6:00〜15:00（日曜を除く、なくなり次第終了）
＊通信販売不可。
＊見学不可。

シイラ[マヒマヒ]
事業所名　四万十マヒマヒ丸企業組合
代表　　　代表理事　徳弘伸一
住所　　　高知県高岡郡四万十町興津1930-2
電話　　　0880-29-5811
Fax　　　0880-29-5812
E-mail　　mahimahimaru@gmail.com
営業時間　8:30〜17:00
＊通信販売不可。
＊見学可。電話またはメールにて、事前にお問い合わせください。

醤油
事業所名　大徳醤油株式会社
代表　　　代表取締役社長　浄慶拓志
住所　　　兵庫県養父市十二所930-3
電話　　　079-663-4008
Fax　　　079-663-4009
E-mail　　info2@daitoku-soy.com
Web　　　http://daitoku-soy.com/
オンラインショップ　http://www.daitoku-soy.net/
営業時間　8:10〜17:10（土・日・祝を除く）
＊通信販売可。電話またはFax、オンラインショップにてお申し込みください。　＊見学不可。

塩引き鮭
事業所名　新潟漁業協同組合　岩船港支所　岩船港直売所
代表　　　支部長　脇坂三重城
住所　　　新潟県村上市岩船港町3144-21
電話　　　0254-56-7107
営業時間　8:30〜17:00（冬期9:00〜16:00）
＊通信販売不可。
＊製造工程は見学不可。
＊一匹丸ごとの塩引き鮭の販売は12月中のみ。詳しい販売期間はお問い合わせください。

難波葱
代表　　　上田隆祥
住所　　　大阪府大阪市住吉区南住吉1-16-9
電話　　　06-6693-2184
営業時間　不定
＊通信販売不可。
＊見学不可。

無印良品の「食」

Café & Meal MUJI／MUJI Diner

もぎたてのトマトをまる齧りしたときの、あのみずみずしい甘味や酸味。無印良品が大切にしているのは、たとえばそんな「素の食」のおいしさです。昔から守られてきた食文化や調理法に学び、自然の旨味を引き出すために、できる限りシンプルに調理しています。化学調味料は最小限に抑え、保存料はいっさい使用しません。生産者の方々と交流しながら、そのとき一番の旬の食材を調達しています。家族や友人と会話を楽しみながら、あるいは一人の時間を満喫しながら。カラダにやさしく、食べておいしい「素の食」を、ゆったりとした空間でどうぞお召し上がりください。

産地に教わる

2019年4月4日　第1刷発行

企画	株式会社 良品計画
アートディレクション	原研哉
ブックデザイン	梶原恵
編集	原麻理子
取材・文	原麻理子（りんご／塩／シイラ／かんずり／豆腐／昆虫食／ジビエ）、 浅井花怜（醤油）、城島拓也（海苔）、片山頌子（塩引き鮭）、 石田拓士（なにわの伝統野菜）
写真	尾原深水
発行	株式会社 良品計画 〒170-8424 東京都豊島区東池袋 4-26-3 電話：0120-14-6404（お客様室）
印刷・製本	共同日本写真印刷株式会社

本書に掲載した情報は刊行時のものです。
本書の無断転載・複写を禁じます。
法律で認められた場合を除き、著作権の侵害となります。
落丁・乱丁はお取り換えいたします。

©RYOHIN KEIKAKU Co., Ltd.
ISBN 978-4-909098-19-1 C0039

無印良品